BLUTREIGEN

Impressum:
ISBN: 978-3-902672-45-2
2011 echomedia buchverlag ges.m.b.h.
A-1070 Wien, Schottenfeldgasse 24
Alle Rechte vorbehalten

Produktion: Ilse Helmreich
Layout: Brigitte Lang
Lektorat: Erich Demmer, Regina Moshammer
Herstellungsort: Wien

BLUTREIGEN
Ein Fall für Trautmann

Ernst Hinterberger

Handlung und handelnde Personen sind frei erfunden. Jede Übereinstimmung mit der Wirklichkeit und lebenden Personen ist nicht beabsichtigt und wäre rein zufällig.

Wiener Dialektausdrücke, Begriffe aus dem Polizeijargon, spezielle Redewendungen und Wörter sind im Text bei der ersten Erwähnung kursiv gesetzt und werden am Ende des Buches im Glossar erläutert.
Das Glossar wurde von Erich Demmer erstellt.

1

Es gibt für jeden von uns gute und schlechte Tage. Für Abteilungsinspektor Trautmann, einen allein lebenden, bulligen Fastsechziger, war der 16. Oktober 2010 ein guter Tag.

Denn da erfuhr er bei Dienstbeginn am Morgen in seinem Kommissariat – die Kriminalbeamten ließen es sich nicht nehmen, weiterhin Kriminalkommissariat Zentrum/Ost zu sagen, obwohl die genaue Bezeichnung nach einer neuerlichen Reform Außenstelle (Ast) Zentrum/Ost lautete –, dass das längst Fällige zu Beginn des nächsten Jahres stattfinden würde. Er würde endlich zum Chefinspektor befördert werden. Das hatte ohnehin lange gedauert. Sporrer hatte Trautmann mehrfach zur Beförderung vorgeschlagen. Das war bisher immer abgelehnt, jetzt aber, aus welchen Gründen auch immer, doch bewilligt worden.

Jeder altgediente Polizist wusste, dass sowohl das Innenministerium als auch die Polizeidirektionen etwas Gottähnliches an sich hatten. Sie trafen immer wieder Entscheidungen, die nach kurzer Zeit wieder geändert oder rückgängig gemacht wurden. Das hieß dann in Amtsdeutsch: „aus gegebenem Anlass in den ursprünglichen Zustand zurückversetzt". Gottes Wege und die Entscheidungen der für einen Polizisten höchsten Vorgesetzten auf Erden waren eben für *Unterläufeln* ein Buch mit sieben Siegeln. Sie hatten nicht hinterfragt, sondern einfach gehorsamst hingenommen zu werden.

Trautmann nahm daher die Nachricht mit der üblichen ausdruckslosen Miene entgegen und sagte bloß: „Aha! Na ja, bin ich halt jetzt, auf meine alten Tag, Chefinspektor. Kann man auch nichts machen." Aber in seinen Augen blitzte doch kurz Freude auf, während er sich eine seiner für alle anderen schauerlichen selbstgerollten Zigaretten drehte, sie anzündete und ein paar kunstvolle Rauchringe zu blasen versuchte.

Um nichts in der Welt hätte er seine Freude über diese Ernennung deutlicher gezeigt. Und er fühlte auch Genugtuung darüber, wenigstens ein paar Jahre vor seiner Pensionierung doch noch befördert zu werden. Schließlich hatte er bei der Polizei mehr als sechsunddreißig Jahre abgedient, darunter rund siebenundzwanzig im Kriminaldienst. Hatte manche zunächst unlösbar scheinende Fälle doch, mehr oder weniger auf eigene Faust, geklärt und dafür Belobigungen erhalten, denen allerdings einige Verweise gegenüberstanden. Wegen eigenmächtiger Entscheidungen, Aufmüpfigkeit gegenüber Vorgesetzten und dienstwidriger Gewaltanwendung gegen Festgenommene während einer Einvernahme – wobei er bei diesen Handlungen stets das Aufnahmegerät ausgeschaltet hatte. Und auch, dass er sich zu Leuten aus der kaum mehr vorhandenen heimischen *Galerie* wie auch zu ausländischen oder eingebürgerten Kriminellen manchmal sogar amikal verhielt, wurde nicht gern gesehen. Als alter Hund wusste Trautmann aber, dass auch ein guter *Kiberer* ohne gute *Zundgeber* meistens nicht weiterkam. Polizisten waren eben keine Hellseher und oft genug auf Hinweise aus dem

Milieu angewiesen, wenn sie mehr als nur leere Kilometer machen wollten.

Für den sechsunddreißigjährigen Ungarn Sándor Fülöp war dieser 16. Oktober 2010 ein schlechter Tag, nämlich sein letzter.

Um 23.20 Uhr wurde die Polizei von einer sich offenbar in Panik befindenden, schwer hysterischen Frau telefonisch davon verständigt, dass in der Essiggasse im 1. Bezirk ein toter Mann liege, dem der Kopf fast ganz abgeschnitten worden sei. Die Frau weigerte sich, ihren Namen zu nennen, und legte auf. Infolge der Kürze des Anrufs war nicht festzustellen, ob sie aus einer Telefonzelle, vom Festnetz oder per Handy angerufen hatte.

Der Anruf wurde umgehend an die zuständigen Stellen, das Stadtpolizeikommando Innere Stadt am Deutschmeisterplatz und die Ast Zentrum/Ost in der Leopoldsgasse, der nach wie vor die Bezirke 1, 2, 3, 11 und 20 unterstanden, weitergeleitet. Beide Stellen reagierten sofort.

Das Stadtpolizeikommando schickte zwei Streifenwagen in die kurze Essiggasse, die sich zwischen Wollzeile und Bäckerstraße hinzieht. Deren Besatzungen, je ein Mann und eine Frau, kamen mit Horn und Blaulicht an und schauten auf den in einer Blutlache liegenden Toten, dessen Kopf im Grunde nur mehr durch einige Hautfasern und Fleischfetzen am Körper hing.

Der Mann war mit einem grauen Tweedanzug und einer kurzen schwarzen Jacke bekleidet und hatte feste schwarze Halbschuhe an den Füßen. Sein Gesicht wies einige

Narben auf und seine breite Nase war offensichtlich einmal gebrochen gewesen.

Die Streifenbeamten berichteten ihrer Dienststelle und sperrten zunächst die Umgebung des Fundorts, der offensichtlich auch der Tatort war, mit rot-weißen Bändern mit der Aufschrift TATORT – POLIZEI ab.

Nach etwa zehn Minuten trafen das aus einem Kriminalbeamten und einem Uniformierten bestehende sogenannte TOP-Team, das Tatort-Opfer-Team, aus dem Stadtpolizeikommando und ein Pkw der Ast Zentrum/Ost mit Trautmann und Dolezal ein, die Nachtbereitschaft hatten.

Die zuständigen Chefs, Oberst Trenkwalder aus dem Stadtpolizeikommando und Oberst Sporrer von der Außenstelle, waren durch einen Anruf aus dem Schlaf gerissen worden und bereits unterwegs.

Ebenso war das Tatortteam aus der Ast zusammengetrommelt worden. Und natürlich kam auch jemand aus dem für Gewaltdelikte wie dieses zuständigen Referat der Landeskriminaldirektion.

Um Mitternacht war die kurze Essiggasse vollkommen abgesperrt und wurde von Scheinwerfern erleuchtet. Einige Bewohner der wenigen Häuser, die durch den Lärm und das Hin und Her der vielen Polizisten aufmerksam geworden waren, schauten aus den Fenstern.

Der aus einer späten Kabarettvorstellung im nahen Simpl herbeieilende Polizeiarzt Dr. Engelbert Wolfgruber musste sich jetzt anstatt des Simpl-Stars Michael Niavarani den Toten ansehen. Er stellte fest, was alle Polizisten bereits erkannt hatten: dass der Mann nicht mehr am Leben war.

„Er dürfte", konstatierte Dr. Wolfgruber nach kurzem Augenschein, „infolge einer Durchtrennung des Rückenmarks, der Halswirbelkörper und des Kehlkopfs verstorben sein. Nach dem, was ich vorläufig feststellen kann, hat sich der Täter entweder eines Schwerts oder einer schwertähnlichen Waffe, wie einer großen Machete, bedient. Durch ein Messer können diese Verletzungen kaum herbeigeführt worden sein. Jedenfalls muss der Täter ein sehr kräftiger Mann und die Waffe eine sehr scharfe gewesen sein. Denn er hat, so viel ich bis jetzt erkennen kann, nur einen einzigen Schlag gegen sein Opfer geführt und nicht wie bei anderen Enthauptungen, die wir aus der Kriminalgeschichte kennen, einen bereits Toten mit einer Säge, Hacke oder einem ähnlichen Werkzeug so zugerichtet. Und absolut sicher ist, dass der tödliche Schlag von hinten, also gegen den Nacken, geführt wurde. Daran besteht kein Zweifel."

Und abschließend, mit einem Blick auf die noch nicht ganz getrocknete Blutlache: „Nach dem noch nicht ganz geronnenen Blut des Opfers auf dem Boden und dessen Körpertemperatur zu urteilen, würde ich sagen, dass der Eintritt des Todes kaum eine Stunde zurückliegt. Genaueres werden Sie von den Kollegen aus der Gerichtsmedizin erfahren, die ja seit kurzem wieder in der Sensengasse arbeiten, um gerichtlich angeordnete Obduktionen vorzunehmen."

„Das war auch schon an der Zeit", brummte Trautmann. „Es hat eh lang gedauert, bis sich die dafür zuständigen Großschädeln zusammengerissen und die Hütte haben renovieren lassen. Weil sie endlich draufgekommen sind, dass eine Großstadt ohne Gerichtsmedizin mit allem Drum und Dran ja nur ein größeres *Brettldorf* ist."

Damit spielte er darauf an, dass das Gerichtsmedizinische Institut wegen Baufälligkeit längere Zeit geschlossen gewesen war und gerichtlich angeordnete Obduktionen entweder in einem Spital oder einem Container auf dem Zentralfriedhof durchgeführt worden waren.

Die Streifenwagen wurden abgezogen und der Uniformierte des TOP-Teams stellte sich neben die mittlerweile von einer Plastikplane bedeckte Leiche. Die anwesenden Kriminalbeamten besprachen die nun folgenden Schritte.

Sie hatten bereits die Taschen des Toten durchsucht und dabei einen ungarischen Reisepass, einen in Budapest ausgestellten Führerschein, zwei Schlüsselbunde, einen Schlüssel der in der Wollzeile befindlichen Pension Treidler und eine Brieftasche gefunden. In dieser befanden sich an die neunhundert Euro in Scheinen und Münzen, dreihundert Dollar in Scheinen und einige Visitkarten.

Der Mann trug am rechten Handgelenk eine schwere, an einem breiten Metallband befestigte Uhr der Marke Breitling mit Stoppvorrichtung, mehreren Skalen und diversen Zeigern. Ein Handy hatte er nicht bei sich.

Aus Pass und Führerschein ging hervor, dass es sich bei dem Toten um den sechsunddreißigjährigen Sándor Fülöp handelte. Aus den in Englisch, Deutsch und Ungarisch abgefassten Visitkarten erfuhren sie, dass Sándor Fülöp eine Budapester Wohnadresse hatte und offensichtlich eine Boutique besaß. Er war außerdem Manager einer International Event Group. Auf den Karten standen zudem zwei Festnetz- sowie eine Handy- und eine Faxnummer.

Trautmann, der sich Latexhandschuhe übergestreift hatte, versorgte die Gegenstände, ausgenommen den Schlüssel der Pension Treidler, in mehreren Plastiksäckchen, steckte diese ein, streifte die Handschuhe ab und warf sie mit den Worten ins Rinnsal: „Damit die Straßenkehrer auch was zu tun haben."

Er rollte sich eine Zigarette und brummte, während er sie anzündete und Rauchwolken paffte: „Also, dann gehen wir es an, Burschen."

Er schaute Trenkwalder und Sporrer an. „Einer von euch hat jetzt das Sagen. Wer?"

Trenkwalder deutete mit dem Kopf auf Sporrer. „Er. Vorläufig ist euer *Koat* zuständig. Wie es weitergeht, wird ja der Staatsanwalt entscheiden."

„Genau", antwortete Sporrer. „Die Staatsanwälte sind ja jetzt die Obermacher und wir Polizisten nur, wie es im alten Strafrecht, im § 68, geheißen hat: ‚Bestellte oder Diener einer Staatsbehörde', also zweite Garnitur. *Pflasterhirschen*."

Dann entschied er: „Wir machen jetzt Folgendes: Du, Trenkwalder, fahrst entweder ins Stadtpolizeikommando oder nach Haus und nimmst gleich dein TOP-Team mit. Meine Tatortleute machen ihre Arbeit, übergeben den Toten dem Leichentransport und rücken dann ins Koat ein. Ich schau mir Fülöps Zimmer in der Pension an. Trautmann und Dolezal horchen sich da in der Gegend um. Vielleicht hat irgendwer was gesehen oder gehört."

„Wer soll da was gesehen oder gehört haben?", fragte Dolezal. „Die Gasse liegt zwar mitten in der Innenstadt, ist aber um die Zeit so verlassen wie eine Einöde. Leut gibt es nur in den größeren Straßen oder in Lokalen – oder seit dem Rauchverbot vor denen."

Trautmann rollte sich bereits eine neue Zigarette.

„Richtig, Burschi. Das glaub ich auch. Um die späte Zeit ist ja keine Sau außer uns auf der Gasse. Darum wird auch keiner was gesehen haben."

Er grinste. „Und der Täter wird auch kaum mitten durch die paar Leut gerannt sein und dabei geschrien haben, dass er einem das *Happl* abgehaut hat. Aber wenn wir Glück haben, finden wir in einem Lokal, was noch offen hat, oder in einem von den Hotels in der Gegend jemand, der kurz vor dem Anruf an uns eine Frau hat weggehen gesehen. Und der weiß dann vielleicht sogar, wer diese Frau ist – oder wenigstens, wie die ausgeschaut hat."

„Das müsst aber schon ein großer Zufall sein."

„So was gibt es ja auch. Wir Kiberer leben oft genug von Zufällen. Manchmal kriegen wir Hinweise oder einen Zund von jemand, von dem wir uns das nicht vorgestellt haben. Möglich ist alles, aber man muss sich halt die Füß abrennen, dass die Sohlen rauchen, und fragen, fragen, fragen. Wenn es sein muss, sogar einen Hund, der äußerln geht, oder einen Lichtmast. Also, gehen wir es an."

„Okay", sagte Oberst Sporrer. „Wenn es was Wichtiges gibt, rufen wir uns gegenseitig an, und wenn nicht, treffen wir uns morgen im Koat."

2

Als Sporrer in die Wollzeile kam, war diese trotz der späten Stunde noch immer ziemlich bevölkert. Er begegnete kleinen Touristengruppen und Nachtschwärmern, die alleine unterwegs waren, und ein paar auffallend gekleidete, kichernde junge Frauen kamen aus einem Lokal.

Die Pension Treidler befand sich in einem großen Haus nahe der einmündenden Riemergasse, fast schon am Dr.-Karl-Lueger-Platz, der nach einem ungeheuer populären früheren Wiener Bürgermeister benannt war. Einige Häuser weiter in Richtung Ringstraße gab es das Kabarett Simpl und ein bekanntes Restaurant, in dem vorwiegend Rindfleischspeisen serviert wurden. Beide waren um diese späte Stunde schon geschlossen.

In dem Haus, in dem in den zwei oberen Stockwerken die Pension Treidler untergebracht war, gab es einen großen Buchladen und einen Kosmetiksalon.

Als sich trotz mehrmaligen Klingelns niemand meldete, läutete Sporrer Sturm. Worauf eine verschlafene Frauenstimme ärgerlich krächzte: „Wer läutet denn da mitten in der Nacht wie ein Wilder an?! Wenn S' ein Zimmer wollen, kommen S' wie ein normaler Mensch am Tag! Und wenn S' bei uns eh schon wohnen, warum kommen S' dann nicht, wie ausgemacht, bis Miternacht?"

„Bitte immer freundlich bleiben", sagte Sporrer. „Ich bin Oberst Sporrer vom Kriminalkommissariat Zentrum/

Ost und muss Sie wegen eines Notfalls dringend sprechen. Also öffnen Sie mir bitte das Haustor."

Die Frauenstimme wurde um eine Spur freundlicher. "Wieso denn Kriminalkommissariat? Was für ein Notfall denn? Ich bitt Ihnen, jetzt ist's ja fast zwei in der Früh!"

"Bitte öffnen Sie! Worum es geht, möchte ich Ihnen nicht von der Straße aus sagen."

Die Sperre klickte, dann sprang das schwere Haustor einen Spalt breit auf und Sporrer ging ins Haus. Dabei sagte er zu zwei Neugierigen, die sein Läuten und das folgende Gespräch mitverfolgt hatten und wissen wollten, ob jetzt einer verhaftet würde: "Es gibt nichts, was Sie interessieren könnte, meine Herren. Also, gehen Sie bitte weiter."

Die beiden sichtlich Betrunkenen torkelten davon. Sporrer ließ das Haustor zufallen, schaltete das Ganglicht ein und ging zum Aufzug gleich neben der Stiege.

Als er vor der Pensionstür stand, klopfte er, hielt die geöffnete brieftaschenähnliche kleine Mappe, in der sein Lichtbildausweis und die Dienstmarke steckten, vor das Guckloch und sagte: "Polizei. Bitte öffnen Sie."

Die Tür ging auf und Sporrer sah sich einer nicht mehr jungen Frau gegenüber, die mit einem Schlafrock bekleidet war und einige Lockenwickler im schlampig schwarz gefärbten Haar hatte.

Er steckte Lichtbildausweis und die Dienstmarke wieder ein, betrat mit den Worten "Ich darf eintreten" den Vorraum, wobei er die Frau ein wenig zur Seite schob, und schloss die Tür hinter sich.

„Ich entschuldige mich für die späte Störung, aber ich möchte mir das Zimmer Ihres Gastes Fülöp ansehen. Es hat nämlich einen Vorfall gegeben, bei dem Ihr Gast den Tod gefunden hat."

„Ja, Jesus Maria! Was für einen Vorfall denn? Wieso denn tot, ich bitt Ihnen?! Hat der Herr Fülöp einen Infarkt gekriegt? Oder ist er zusammengeführt worden?"

„Nein. Herr Fülöp ist in der nahen Essiggasse ermordet worden. Und zur Sicherheit möchte ich mir jetzt sein Zimmer ansehen."

„Ja, wieso denn ermordet? Ein Raubmord oder was? Oder aus Eifersucht?"

„Nein. Kein Raubmord, Frau … Treidler?"

„Ja, die bin ich. Die Pension gehört mir."

„Warum Herr Fülöp ermordet worden ist, wissen wir vorläufig noch nicht."

Und nach einer kurzen Pause: „Ich darf fragen, was Ihrer Meinung nach dieser Herr Fülöp für ein Mensch war. Sie haben ja sicher langjährige Erfahrung im Umgang mit Ihren Gästen und eine gehörige Portion Menschenkenntnis."

„Ja, die hab ich. Ich führe ja die Pension seit mehr als zwanzig Jahren. Bei mir logieren drei Dauergäste. Alles honorige Männer. Die anderen Gäste sind nur für ein paar Tage bei mir. Auch alles hochanständige Leute und manche davon Stammgäste. Alle entweder verheiratet, langjährige Lebensgefährten oder Singles. Frauen oder Männer, die suspekt sind und sich nicht ausweisen können, haben in meiner Pension nichts verloren und dürfen von den Gästen auch nicht mitgebracht werden. Und was den

Herrn Fülöp angeht, der ist ein Geschäftsmann aus Budapest und wohnt ein paar Mal im Jahr für drei oder vier Tage bei mir."

„Hat er dann und wann auch Besuch gehabt?", fragte Sporrer. „Nicht von, wie Sie sagen, suspekten Frauen, sondern von Männern?"

„Nein, nie."

„Danke, Frau Treidler. Ich werde mir jetzt das Zimmer des Herrn Fülöp ansehen. Den Schlüssel dazu haben wir ja bei dem Toten gefunden. Steht Nummer 6 drauf."

Die Frau begann voranzugehen. „Ja, das Sechser hat er. Das ist gleich ums Eck. Den rechten Gang entlang. Also, schauen wir halt."

„Das möchte ich allein machen. Sie werden das sicher verstehen."

„Na, dann schauen S' es Ihnen halt allein an. Wenn S' mich brauchen ... Ich zieh mich nur ein bissl netter an und warte hinter der Rezeption auf Ihnen."

Sporrer ging zum Zimmer Nummer 6, sperrte die Tür auf, betrat den Raum, suchte und fand dann den Lichtschalter links neben der Tür und schaltete das Licht ein.

Das Zimmer war geräumig und gut möbliert. Von der Decke hing eine Leuchte mit Glasschirm und es gab als weitere Lichtquelle eine große auf Rollen ruhende Stehlampe. An einer Wand stand ein ordentlich gemachtes Bett, auf dem einige Zeitungen und ein Pyjama lagen. Auf dem Nachttischchen standen ein Radio und ein Reisewecker. Außerdem gab es einen Schreibtisch mit Kontorlampe, auf dem zwei Wiener Telefonbücher, eine Mappe der Pension mit Briefpapier, Stadtplänen und der Hausordnung sowie zwei Kugelschreiber und ein unbeschriebener Notizblock lagen. Das große, hohe Fenster ging auf die Wollzeile hinaus und war durch eine weiße Gardine verdeckt.

Sporrer öffnete die Türen des großen Kastens, in dem einige leere Kleiderhaken hingen. In einer der Schubladen lagen ein paar Hemden und Unterwäsche, drei Paar Socken und eine Krawatte. Auf dem Kastenboden fanden sich ein paar Halbschuhe, ähnlich jenen, die der Tote an den Füßen gehabt hatte. Ein leerer kleiner, aber sichtlich teurer Reisekoffer stand neben den Schuhen.

Vom Zimmer aus führte eine Tür ins Badezimmer, in dem unbenützte Hand- und Badetücher hingen. Auf einer Glasplatte über dem Waschbecken lagen eine Zahnbürste und eine Zahnpasta, Rasierzeug und einige Cremetuben.

Sporrer fand, dass Zimmer und Bad trotz der, wenn auch wenigen, persönlichen Sachen Fülöps beinahe unbewohnt wirkten. Er ging zur Tür, schaltete die Deckenbeleuchtung aus, ließ den Schlüssel außen an der Zimmertür stecken und ging zur Rezeption zurück. Dort fand er Frau Treidler in einem Hauskleid, ohne Lockenwickler und wie ein Schlot rauchend, vor.

Sporrer sagte: „So, Frau Treidler. Das ist es vorläufig auch schon gewesen. Ich hätte nur noch eine Frage: Wann hat Herr Fülöp das Zimmer bezogen?"

„Gestern, also am 16. So gegen drei am Nachmittag. In der Früh hat er von Budapest aus angerufen, dass er kommt. Wie er dann da war, hat er sich ein paar Stunden im Zimmer aufgehalten und gebadet, darum gibt es ja auch schon wieder frische Handtücher im Bad. Und irgendwann, so gegen sieben oder halb acht, ist er dann fortgegangen. Er hat mir gesagt, Abendessen braucht er keines, das wird er beim Plachutta am Eck einnehmen, weil die dort seiner Meinung nach den besten Tafelspitz mit Erdäpfeln und Apfelkren von ganz Wien haben. Ich kann das nicht beurteilen, weil ich wegen meinem Magen ja nur Hendlfleisch essen tu."

Die Frau drückte ihre Zigarette aus und zündete sich gleich die nächste an, was Sporrer an Trautmann erinnerte, der ja auch beinahe ununterbrochen rauchte. Er bedankte sich bei der Treidler für ihre Hilfsbereitschaft und ging.

Als Sporrer wieder auf der Wollzeile war, rief er mit seinem Handy kurz Trautmann an. Er sagte ihm, in der Pension habe er nur Uninteressantes und nichts *Nahrhaftes* erfahren und er werde jetzt nach Hause fahren und ein paar Stunden schlafen. Er fragte noch: „Und wie schaut es bei dir aus? Gibt es da schon was?"

„Nein. Nur *Hineingeschissenes und Umgerührtes*. Ich war zuerst in zwei noch offenen Lokalen, aber hab nichts erfahren. Die paar Gäste dort sitzen seit Stunden zusammen. Keiner hat zur fraglichen Zeit das Lokal verlassen, auch keine Frau. Aber vielleicht ergibt sich noch was. Ich hab kurz mit dem Burschi telefoniert, aber bei dem tut sich auch nichts. Wir sehen uns in der Früh im Koat. Servus. Ende."

3

Am Vormittag saß Oberst Sporrer mit der aus Trautmann, Dolezal, Lassinger und Manuela Reisinger bestehenden Gruppe Gewalt in der Ast Zentrum/Ost beisammen, um im Fall Fülöp ein erstes Resümee zu ziehen.

Sowohl das Landeskriminalamt wie auch die Staatsanwaltschaft hatten sich bereits gemeldet und den Essiggassenfall zumindest vorläufig an die Ast Zentrum/Ost delegiert.

Das LKA war durch einige rätselhafte Morde an Frauen überlastet. Vom Vorjahr bis jetzt war es in der Steiermark, in Niederösterreich, dem Burgenland und auch im Raum Wien zu insgesamt fünf Morden gekommen. Vier der Frauen waren Geheimprostituierte aus den Oststaaten gewesen, die Identität des fünften Opfers war noch nicht bekannt. Die Frauen waren erwürgt oder erschlagen worden. Alle waren nach ihrem Tod mit Benzin übergossen und angezündet worden. Der Täter hatte die größtteils verbrannten Körper in Waldstücken oder auf freiem Feld abgelegt.

Vor einigen Monaten war dieser Morde wegen sogar eine aus Beamten der involvierten Landeskriminalämter bestehende SOKO gebildet worden, die aber bisher trotz Zuziehung eines Profilers keine brauchbaren Spuren gefunden hatte und keine Ergebnisse aufweisen konnte.

Außer der Reisinger tranken alle Kaffee und Dolezal und Trautmann stopften sich mit Pferdeleberkässemmeln voll. Die Unterhaltung bewegte sich mehr oder weniger im Kreis.

Sporrer hatte sich bereits mit der Polizeidirektion Budapest in Verbindung gesetzt und von den dortigen Kollegen die an sich wertlose Mitteilung erhalten, dass Sándor Fülöp polizeilich unauffällig gewesen war. Er hatte lediglich zwei Verwaltungsstrafen wegen Geschwindigkeitsüberschreitung erhalten und hatte einen Pkw der Marke Jaguar besessen.

Fülöp hatte einige unbedeutende lokale Pop- und Rappergruppen, ein paar noch unbedeutendere Schauspieler und Schauspielerinnen und eine Szegeder Kleidererzeugung gemanagt. Er war Alleininhaber der International Event Group und einer Budapester Boutique gewesen. Der nicht verheiratete Mann hatte, so weit bekannt, keine Kinder gehabt.

Trautmann hatte sich, eher privat, mit seinem ungarischen Kollegen Erdödy, den er von einer gemeinsamen staatenübergreifenden Ermittlung her kannte und mit dem er seither locker befreundet war, in Verbindung gesetzt und wesentlich mehr über Fülöp erfahren.

Fülöp war im Budapester Rotlichtmilieu als guter Kunde bekannt gewesen, aber, wie Erdödy behauptete, nur als Kunde. Er war in keiner Verbindung zu den heimischen Rotlichtgrößen gestanden.

Vor Jahren war Fülöp ungarischer Amateurboxmeister im Mittelgewicht gewesen, war dann Profi geworden, hatte aber nach einigen durch K.O. verlorenen Kämpfen, bei denen er jedes Mal ziemlich verletzt worden war, das

Boxen aufgegeben. Seither hatte er als Sport nur mehr ab und zu Tennis gespielt.

Erdödy war aufgefallen, dass Fülöp, dessen Firmen alles andere als Goldgruben gewesen waren, unverhältnismäßig aufwendig gelebt hatte – weshalb er mehr oder weniger privat gegen den Mann ermittelt hatte. Dabei war aber nichts herausgekommen. Fülöp hatte seine gewisse Wohlhabenheit damit erklärt, dass er im In- und Ausland immer wieder Spielkasinos besuche und dort wie auch bei Pferdewetten öfters gewinne. Was die Pferdewetten anginge, sogar ab und zu höhere Summen.

„Bis jetzt", resümierte Sporrer, „wissen wir so gut wie nichts über Fülöp. Leute wie ihn gibt es überall, und ob die *frank* oder *unfrank* zu ihrem Geld gekommen sind, weiß nur der Himmelvater."

„Wenn es einen gibt", warf Dolezal ein, für den alle Religionen Humbug waren und dazu dienten, die Leute zu verdummen.

Trautmann drehte sich eine Zigarette, zündete sie an und brummte: „Und wenn es einen gibt, so wird der andere Sorgen haben, als sich um ein Arschloch wie den Fülöp zu kümmern."

Dann setzte er hinzu: „Wir können ja noch das *IPOS* abklopfen, aber auch wenn mithilfe des IPOS schon Fälle aufgeklärt werden konnten, wird das in unserem Fall wahrscheinlich nichts bringen."

„Was wir haben", sagte Manuela Reisinger, „sind also offene Fragen. Wer hat den Fülöp warum auf so ungewöhnliche Art und quasi in der Öffentlichkeit umgebracht.

Und auch: Ist der Täter mit einem unter dem Mantel versteckten Schwert oder mit einer ähnlichen Waffe herumspaziert? Und eines ganz besonders: Der Fülöp hatte noch seine teure Uhr und die Brieftasche mit ziemlich viel Geld und wir haben Visitkarten gefunden, auf denen auch eine Handynummer gestanden ist …"

Sie schaute die Kollegen intensiv an. „Sein Handy – wo ist das? Bei sich hat er es nicht gehabt, aber jeder, der eines hat, schleppt das doch überallhin mit."

Das stimmte. „Genau" sagte Dolezal. „Manche rennen ja sogar mit zwei oder drei Handys herum."

„Na ja", sagte Trautmann, „man muss sein Handy ja nicht immer mitschleppen, man kann es auch einmal zuhaus lassen."

Und er fügte hinzu: „Vor allem dann, wenn man nicht geortet werden will. Aber in seinem Zimmer in der Pension war es ja auch nicht, das ist schon komisch."

Er schaute auf die auf seinem Tisch liegenden durchsichtigen Plastiksäckchen, nahm das mit den Visitkarten in die Hand und las die darauf angegebene Handynummer ab. Griff zum Telefon, wählte, horchte und sagte dann: „Düdeldüdeldü. Scheiße. Da tut sich nichts. Die von Ihnen angerufene Nummer ist zurzeit nicht erreichbar."

Trautmann legte auf und drückte die erst halb gerauchte Zigarette aus. „Vielleicht können unsere Leut irgendwie herauskitzeln, wo dem sein Scheißhandy ist."

Griff wieder zum Telefon, redete mit einem Kollegen und bat ihn, Fülöps Handy zu orten und ihm dann dessen Standort durchzugeben.

Dolezal setzte sich an seinen Computer und befragte das IPOS, fand darin aber keine Hinweise auf einen Sándor Fülöp. Es waren zwar mehrere Fülöps, aber keiner mit dem Vornamen Sándor aufgelistet. Außerdem handelte es sich bei diesen anderen Fülöps um jüngere oder ältere Männer als der Tote in der Essiggasse.

Nach etwa zehn Minuten läutete das Telefon und Trautmann erfuhr von seinem Kollegen, dass das Handy mit der angegebenen Nummer nicht ortbar sei.

„Ich sag ja", meinte Reisinger, „dass da was nicht stimmt. Die Geschichte mit dem Handy ist urungut. Da haut irgendwas nicht hin."

„Fragt sich nur, was", sagte Lassinger. „Warum hat der Täter dem Fülöp alles gelassen, nur gerade das Handy nicht? Wenn, ich sage, wenn er es dem Toten abgenommen und vernichtet oder *ausgebaanlt* und den Rest weggeschmissen hat – warum? Weil im Handy seine Nummer gespeichert war? Oder? Was meint ihr?"

„Kann sein, kann nicht sein. Jedenfalls wissen wir es nicht", meinte Dolezal.

„Und wahrscheinlich werden wir es nie wissen", sagte Trautmann. „Weil wir das Trumm nie finden werden, wenn wir es bis jetzt nicht haben. Also, tausend Schas drauf! Jedenfalls müssen wir jetzt einmal …"

„Statt über dem Kaiser seinen Bart oder die Unsterblichkeit der Maikäfer zu reden, Kinder", unterbrach ihn Sporrer, „müssen wir jetzt zügig was machen. Das Handy ist jedenfalls weg. Wir müssen uns jetzt auf dem Strich und im Rotlichtmilieu umschauen, vielleicht ist dort herauszukriegen, ob der Fülöp zwischen seinem Weggang aus der Pension und seiner Ermordung in einem Puff gewesen ist. Oder in einem Kasino. Das machen Dolezal, Lassinger und die Manuela. Der Trautmann hört sich im Milieu um, bei der Galerie. Aber vorher macht der Lassinger noch einen Haufen Kopien des Fotos aus Fülöps Pass. Dann nimmt sich jeder ein Packl, damit er das Foto herzeigen und auch einige, wo es passt, hinterlegen kann. Für den Fall, dass ..."

Sporrer brach ab, weil das Telefon läutete, und kam beim Abheben Trautmann zuvor.

Er meldete sich, horchte und sagte dann zu seinen Kollegen: „Ein Dr. Fasching von der Gerichtsmedizin."

Dann sprach er wieder in den Telefonhörer: „Ja, sicher höre ich zu, Doktor. Um was geht es denn?" Horchte wieder und meinte dann: „Ich verstehe, Herr Doktor. Am Telefon geht so was nicht gut. Ich komm also zu Ihnen. Sagen wir in etwa einer Stunde. Wär Ihnen das recht?" Horchte wieder und sagte dann: „Ist Ihnen egal, weil Sie sowieso bis zum Abend im Institut sind. Fein. Alles andere später. Verehrung, Doktor. Bis dann."

Sporrer legte auf und meinte zu den anderen: „Der Doktor dort ist neu und will mir außer dem schriftlichen auch einen mündlichen Obduktionsbericht abliefern, um etwaige Missverständnisse gleich an Ort und Stelle auszuräumen."

Während Lassinger aus dem Raum ging, um die Fotos zu kopieren, gönnten sich Trautmann und Dolezal noch einen doppelstarken Mokka. Trautmann rauchte danach am von Sporrer demonstrativ geöffneten Fenster, durch das aber wegen des starken Winds der Rauch nicht abzog, sondern im Gegenteil in den Raum zurückgeblasen wurde, zwei Selbstgerollte hintereinander.

Als Lassinger zurückgekommen war und die Fotokopien verteilt hatte, machten sich er, Manuela Reisinger und Dolezal auf den Weg. Trautmann wollte auch gehen, wurde aber von Sporrer zurückgehalten.

„Auf ein Wort", sagte Sporrer zu Trautmann, als die anderen bereits den Raum verlassen hatten.

„Und um was geht es, Chef?"

„Darum, dass du bei deinen Umfragen im Rotlichtmilieu den Burschen nicht zu viel von deinen üblichen Zugeständnissen machen sollst. Du kommst zu denen als Kriminalbeamter und nicht als *Haberer*, klar?"

„Klar. Logisch, Alter. Und fang jetzt nicht mit dem gleichen *Gejeier* wie diese Eier aus der Direktion an, okay?! Ich weiß schon, was ich tu, und das ist noch immer in Ordnung gegangen. Eine Hand wäscht halt die andere, das ist eben so. Und ein alter Hund wie ich lernt keine neuen Kunststückln mehr. Servus."

4

Oberst Sporrer merkte in der ihm vertrauten, aber jetzt nach der Renovierung mit Glas, Nirosta und strahlenden Beleuchtungskörpern ausgestatteten Gerichtsmedizin, dass das Sprichwort „Neue Besen kehren besser" auch auf den Gerichtsmediziner Fasching, einen Neuzugang, anwendbar war.

Dr. Fasching war keine dreißig, 1,90 Meter groß und ungeheuer redselig. Er zeigte Sporrer den Obduktionsbericht, der wesentlich umfangreicher als üblich ausgefallen war, und hörte nicht zu reden auf.

Er erklärte den von ihm am Körper Fülöps durchgeführten sogenannten „Wiener Schnitt", der gerade vom Hals über den Brustkorb bis zu den Genitalien des zu Obduzierenden geführt wird. Und erwähnte, dass die Wiener Gerichtsmediziner Eduard Ritter von Hofmann und Albin Haberda diesen Schnitt Ende des 19. Jahrhunderts angewendet und in ihren Lehrbüchern beschrieben hatten.

Dann berichtete er wortreich, in welcher Reihenfolge die inneren Organe entnommen werden, und beschrieb den am Anfang jeder Obduktion stehenden Halbmondschnitt, mit dem die Kopfhaut dem zu Obduzierenden von hinten nach vorn bis über die Augen gezogen wird. Der Schnitt diene dazu, die weiße, feucht benetzte Dura mater, die Hirnhaut, auf äußere Einwirkungen zu prüfen. Und er erwähnte, dass dann das Hirn entnommen wird.

An dieser Stelle unterbrach Sporrer den Doktor und bat ihn, die Obduktion nicht weiter zu beschreiben, weil er im Verlauf seiner langjährigen Dienstzeit oft genug die Gelegenheit gehabt habe, dergleichen mitanzusehen.

Daraufhin berichtete Dr. Fasching, sichtlich ein bisschen gekränkt, aber doch zügiger, dass am Gehirn des Toten einige lange zurückliegende vernarbte Verletzungen festzustellen gewesen waren, wie sie unter Umständen Boxer aufgrund erhaltener Schläge gegen den Kopf aufweisen.

Dafür, dass der Mann früher Boxer war, würden auch seine gebrochene Nase und die Narben auf seinem Gesicht – vermutlich die Folge von schnittartigen Verletzungen durch Schläge, sogenannten Cuts – sprechen. Offensichtlich seien diese nicht besonders gut verarztet oder, obwohl notwendig, nicht genäht worden.

„Bingo", sagte Sporrer trocken. „Der Mann war in früheren Jahren tatsächlich Boxer und hat dabei einiges abbekommen."

Dann kam Dr. Fasching auf die eigentliche Todesursache zu sprechen. Er führte aus, dass seiner Meinung nach der Schlag mit einem unbekannten, rasiermesserscharfen Gegenstand mit großer Wucht von oben nach unten gegen den Nacken des Opfers geführt worden sei. Dabei sei es zu einer Durchtrennung der Medulla spinalis, des Rückenmarks, der Corpus vertebrae, also der Wirbelkörper, und anschließend zur Durchtrennung des Larynx, des Kehlkopfs, und letztendlich des Oesophagus, der Speiseröhre, gekommen. Diese Verletzungen hätten den sofortigen Tod des Mannes zur Folge gehabt. Und Dr. Fasching hatte auch festgestellt, dass Fülöp wenige Stunden vor seinem Tod eine Mahlzeit aus Rindfleisch, Apfelkren und Kartoffeln zu sich genommen hatte.

Sporrer bedankte sich, ließ sich eine Kopie des Obduktionsberichts geben, fuhr aber nicht gleich ins Kommissariat zurück, sondern schaute bei dem Restaurant am Karl-Lueger-Platz vorbei, in dem Fülöp ja nach Angabe der Pensionsinhaberin zu Abend hatte essen wollen.

Dort wusste man aus den Nachrichten bereits von der Ermordung des Herrn Fülöp.

Der Geschäftsführer bezeichnete ihn als lieben Gast, wusste sonst aber über Fülöp nichts. Fülöp war, wenn in Wien, immer am Abend allein ins Lokal gekommen, hatte sich jedes Mal an einen Tisch mit Blick zur Tür und mit dem Rücken zur Wand gesetzt und sich mit keinem anderen Gast unterhalten. Er hatte immer einen Tafelspitz gegessen, ein kleines Bier dazu getrunken, dann bar bezahlt, wobei er dem Kellner ein sehr gutes Trinkgeld gegeben hatte, und war wieder gegangen.

Reisinger besuchte zuerst einige Kasinos einer privaten Glücksspielkette und erfuhr in der Filiale Prater, dass Fülöp dort bekannt gewesen war.

Er war allerdings nur selten, vielleicht drei oder vier Mal im Jahr, dorthin gekommen, aber durch sein markantes Gesicht mit der gebrochenen Nase und den Narben den Angestellten in Erinnerung geblieben. Er war immer allein gekommen, hatte nur gespielt und sich mit niemandem unterhalten.

Mehr erfuhr Reisinger später im Kasino in der Kärntner Straße. Dort war Fülöp vor etwa sechs Wochen mit einem bekannten Rechtsanwalt für Wirtschaftssachen gewesen.

Reisinger kontaktierte diesen Anwalt, der in der Innenstadt sowohl seine Wohnung wie auch sein Büro hatte und schwer beschäftigt war. Trotzdem war er häufig als ein prominenter Gast auf Partys der sogenannten besseren Gesellschaft im Fernsehen zu sehen. Und es gab kaum einen Society-Bericht, in dem er nicht interviewt wurde, wobei er immer in die Kamera grinste.

Der Anwalt bestätigte, Sándor Fülöp zu kennen. Er habe ihn bei einem Event am Wörther See kennengelernt und ihn danach einmal auf einer von einem prominenten Wiener Teppichhändler veranstalteten Party getroffen. Er habe aber mit ihm nur ein paar belanglose Worte gewechselt. Das sei vor etwa sechs Wochen gewesen.

„Wir haben uns als Boxfans über einen Größe aus früherer Zeit, einen hervorragenden schwarzen Boxer namens Jersey Joe Walcott unterhalten. Wir fanden die Party aber dann langweilig und sind in das Kasino auf der Kärntner Straße gegangen. Ich blieb aber nur kurz und Fülöp setzte sich an einen Spieltisch."

Das war alles. Außer dass Sándor Fülöp Ungar und Boxfan gewesen war, wusste der Anwalt nichts über den Mann, der im Übrigen, wie er sagte, einen recht seriösen Eindruck auf ihn gemacht habe.

Der von Reisinger anschließend befragte Teppichhändler kannte natürlich die meisten seiner vielen Gäste, unter denen sich Politiker, Wirtschaftsleute und andere Prominente aus der Schickeria befanden, persönlich, meinte aber, seine Gäste würden ab und zu auch jemanden mitbringen, der ihm unbekannt sei.

Der Name Fülöp sagte dem Teppichhändler nichts – deshalb hatte er auch den Berichten über den Mann, der in der Wiener Innenstadt ermordet worden war, wenig Bedeutung beigemessen. Als Manuela Reisinger ihm Fülöp beschrieb, glaubte er sich zu erinnern, dass Fülöp vom Restaurant- und Boutiquebesitzer Piwonka mitgebracht worden war. Er nannte Reisinger das Piwonka gehörende Lokal in der Himmelpfortgasse und dessen Boutique am Neuen Markt, und das war es auch schon.

Reisinger besuchte dann das Restaurant Piwonkas, wo man ihr die Auskunft gab, dass der Chef in der Boutique sein müsse, und dort gerne für sie anrief.

Piwonka kam zum Telefon, war sehr freundlich, sagte aber, dass er auf der fraglichen Party bei dem Teppichhändler nicht mit Fülöp, den er überhaupt nicht kenne, sondern mit seiner siebzehnjährigen Tochter gewesen sei, um diese ein wenig in die Gesellschaft einzuführen.

Das war alles und zugleich nichts, was Reisinger in Erfahrung bringen konnte.

Lassinger hörte sich zunächst bei diversen Wiener Veranstaltungs- und Künstleragenturen um, wo er aber nichts über Fülöp erfahren konnte. Die Leute, die in dieser Branche arbeiteten, kannten weder Fülöp noch hatten sie bisher von dessen International Event Group gehört. Anscheinend war die Tätigkeit Fülöps auf Ungarn begrenzt gewesen oder die Firma war, wie eine Managerin vermutete, eine Scheinfirma.

„Ich bin seit dreißig Jahren im Geschäft, Herr Inspektor", sagte sie. „Ich habe selber ein paar bedeutende Klienten und kenne natürlich auch die meiner Kolleginnen und Kollegen. Aber von einem Fülöp und seiner Event Group habe ich noch nie gehört, obwohl ich sogar kleine Hinterzimmermanager kenne."

„Aber auf der Visitkarte des Mannes steht doch ..."

Die Managerin winkte ab. „Ich bitte Sie. Auf Visitkarten kann man doch alles drucken. Sie können sich drauf als Doktor, Professor oder irgendwas ausgeben, ohne dass dies von den meisten hinterfragt wird. Und daher auch als Chef oder Direktor einer Firma, die es nicht gibt. Ich könnte Ihnen da einige Leute nennen, die so etwas machen."

Die Auskunft, die Trautmann von seinem ungarischen Kollegen Erdödy erhalten hatte, sagte allerdings etwas anderes. Aber weiteres Herumwühlen würde nichts bringen. Das war ein Faktum.

Deshalb nahm sich Lassinger vor, sich wegen der Bestattung Fülöps mit den dafür zuständigen Stellen in Ungarn in Verbindung zu setzen. Fülöps Körper lag zwar noch in der Gerichtsmedizin in der Sensengasse, würde aber früher oder später bestattet werden müssen. Vielleicht gab es in Ungarn Verwandte oder einen Anwalt, die sich um diese Sache kümmern konnten. Oder Fülöp hatte bei einem Notar ein Testament aufsetzen lassen und der würde alles in die Wege leiten. Außerdem waren da noch die teure Armbanduhr, die sichergestellten Geldbeträge, die Kleidung und anderes. Aber auf der anderen Seite war es nicht die Aufgabe der Polizei, sich damit abzugeben. Dafür gab es ja die Gerichte, die für derlei zuständig waren.

Es stand jedenfalls aufgrund des sichergestellten Reisepasses und des Führerscheins fest, dass es sich bei dem Toten um einen Sándor Fülöp handelte. Denn die Fotos in Pass und Führerschein waren mit denen der Budapester Behörden, wie eine Überprüfung ergeben hatte, ident.

Burschi Dolezal besuchte zuerst ein Bordell in einem Randbezirk von Wien.

„Was glauben S' denn, was sich bei uns abspielt", sagte der Besitzer des dubiosen Etablissements im 15. Bezirk. „Da geht es ja oft wie im reinsten Durchhaus zu. Die Männer kommen, zahlen, hauen drauf oder lassen sich einen blasen und sind schon wieder weg, kaum dass sie da waren. Ich werde aber mit dem Foto zu den Mädeln hausieren gehen. Vielleicht erinnert sich eine an den Burschen. Wenn ja, ruf ich Sie an. Wenn nicht, dann nicht. Dann haben S' halt ein Pech ghabt."

Dolezal gab dem Mann seine dienstliche Visitkarte und verabschiedete sich.

Dann fuhr er in die Innenstadt, um drei Bordelle aufzusuchen. Im ersten war man sich nicht ganz sicher, Fülöp gesehen zu haben, weil, wie sowohl der Besitzer wie auch der Barmixer sagten, immer derart viel Betrieb war, dass man sich nur die regelmäßigen Besucher merkte.

Im zweiten, eleganteren Etablissement hörte Dolezal das Gleiche wie im ersten. Er gab auch diesem Geschäftsführer seine Visitkarte und einige Fotos und sagte, ins Du fallend: „Da. Zeig deinen Weibern die Fotos, und wenn eine den Mann erkennt und was über ihn weiß, dann soll sie mich anrufen. Meine Visitkarte hast."

Dann meinte er scharf: „Wenn wir dir draufkommen, *Koberer*, dass du oder deine Weiber mit uns eine Linke machen, nehmen wir dein Puff auseinander, sperren es zu und du kannst dann Zeitungen verkaufen oder im Prater Luftballons."

„Dazu wird es kaum kommen, Kiberer. Ich und meine Leut sind zweihundertprozentig frank und so sauber wie unsere Leintüchln, die nach jedem Gast ausgetauscht werden. Da kannst Gift drauf nehmen."

Im dritten Bordell wurde Dolezal fündig. Dort war Fülöp nicht nur bekannt, sondern auch am Tag seiner Ermordung zu Gast gewesen.

„Der Typ", gab die Besitzerin an, „war bei uns, bevor ihm einer den Würfel abgeschnitten hat."

„Aha. Und wann, ich mein, um welche Zeit?"

„So zwischen ... Kommen is er, glaub ich, so gegen halber neune, neune und hat sich gleich unsere Daniela genommen. Mit der war er oben und ist gegen ... Momenterl! Die Dani ist eh grad frei. Fragen wir die, wann er gangen is."

Daniela Kremser, eine überaus hübsche, vollbusige junge Frau, erinnerte sich an Fülöp, weil dieser, wenn er ins Bordell kam, immer nur zu ihr ging.

„Tut mir ja irrsinnig leid", sagte sie, „dass der nimmer kommen kann. Dass den umgebracht haben, war ja in allen Zeitungen. Ewig schade um den. Der hat nie ausgefallene Sachen verlangt und war ein ganz Lieber. Hat immer ein sattes Trinkgeld ausgelassen und sogar Schampus bestellt."

„Und hat er auch ein bissl was über sich erzählt oder nur schweigend seine Nummer gemacht?"

„Na, erzählt ... Nicht direkt. Ich meine, nichts über das, was er macht und so. Er hat mir nur gesagt, weil ich ihn gefragt hab, von woher er seine eingehaute Nase und die Narben im Gesicht hat, dass das passiert ist, wie er seinerzeit noch ein Boxer gewesen ist. Sonst ... Ja, er hat mir seine Visitkarte gegeben, seine Unterschrift draufgemalt und gesagt, wenn ich was aus einer Boutique brauch, dann soll ich in die in der Johannesgasse, in die neben dem Restaurant Strab, gehen und dort seine Karte herzeigen. Dann krieg ich einen Preisnachlass."

Dolezal grinste. „Na, jetzt vielleicht ja nimmer." Und in einem ernsteren Ton: „Wann war er denn zum letzten Mal bei dir?"

„An dem Tag, an dem er *die Schleifen* kriegt hat. Direkt tragisch."

„Und wann war das? Wann ist er kommen und wann gangen?"

„Kommen ist er so um zehne und gangen ... Na, so nach einer Dreiviertelstund ungefähr."

„Also, so gegen elf, also 23.00 Uhr."

„Ja, das kann hinkommen."

Dolezal bedankte sich für die Auskunft, ließ sich unten an der Bar auf Kosten des Hauses einen Espresso geben und überlegte.

Der Fülöp hatte also, ein paar Minuten auf oder ab, gegen 23.00 Uhr das Puff verlassen und war in die nahe Essiggasse gegangen, wo er seinem Mörder in die Hände gelaufen war. Da die Essiggasse zwischen Bäckerstraße und Wollzeile verlief und Fülöp ja in der Wollzeile gewohnt hatte, war es logisch, dass er durch die kleine, enge Gasse zu seiner Pension gegangen war. Jeder andere Weg wäre ein Umweg gewesen. Um diese Zeit war es sehr wahrscheinlich, dass sich keine anderen Menschen in der Essiggasse aufhielten. Der Mörder hatte also in aller Ruhe zuschlagen können.

Wie aber war der Mörder auf Fülöp gestoßen? Hatte er ihn schon seit dessen Ankunft in Wien beschattet und ihm dann aufgelauert? Oder hatten die beiden einander gekannt und zufällig getroffen? Dann hätte der Mörder ja zumindest seine Waffe holen müssen. Wohnte er vielleicht in der Nähe der Essiggasse? Andererseits: Wenn der Mörder ein Irrer oder Zufallstäter war, der den Nächstbesten hatte umbringen wollen, war es schwer vorstellbar, dass so einer mit einem Schwert oder einer ähnlichen Waffe unterm Mantel durch Wien lief, um dann einen ihm Unbekannten zu attackieren. Möglich war natürlich alles.

Dolezal erinnerte sich, dass es vor zehn oder mehr Jahren in Moskau einen Mann gegeben hatte, der sich zuerst in einem Laden eine Hacke gekauft und mit dieser dann am helllichten Tag zwei schwedische Touristen, die eben aus ihrem Hotel gekommen waren, erschlagen hatte.

Lag bei dem Essiggassenmord ein ähnlicher Fall vor? Denn nach dem, was sie bis jetzt wussten, war Fülöp ein im Grunde unauffälliger Mann gewesen. Eine Type wie tausend andere, ein kleiner Geschäftsmann, ein mehr oder weniger erfolgreicher Manager von uninteressanten Rappern, ein harmloser Spieler, der zu Prostituierten ging. Alles keine Gründe für eine – wie es in den Strafrechtskommentaren über den Bösen Vorsatz hieß – „geradezu bedachte und beschlossene Tathandlung" mit stichhaltigem Motiv.

Es konnte also sein, dass, wenn nicht ein Wunder geschah, diese ungute Essiggassengeschichte einer der Fälle war, die bis zum Sankt-Nimmerleins-Tag *auf Frist* landeten, niemals aufgeklärt wurden und in der Kriminalstatistik als weiterer Minuspunkt aufschienen.

Trautmann hörte sich im Milieu um, erfuhr aber nichts. Die einheimischen Koberer waren ja längst einflusslos, und die Ostleute, in deren Hand jetzt das wirkliche Geschäft und die Macht waren, machten sich natürlich gegenseitig die Mauer, redeten viel Bedeutungsloses, wollten aber alle keinen Fülöp kennen. Und auch deren Mädchen und Frauen, die alle aus den Oststaaten waren, angeblich allesamt keinen „Manager" oder Zuhälter hatten und behaupteten, sie seien aus freien Stücken und um gutes Geld zu verdienen, nach Wien gekommen, war das Gesicht auf dem Foto unbekannt.

Zur Sicherheit kontaktierte Trautmann noch einen alten Bekannten, den gebürtigen Serben Deljanin, der aber längst österreichischer Staatsbürger war. Deljanin hatte als große Nummer auf dem Mexikoplatz regiert, war das gewesen, was die Chinesen einen Tai-Pan nannten. Jetzt war er, wie er sagte, nur mehr „Privatier", hatte aber noch immer seine Verbindungen, wenn auch nichts mehr zu befehlen.

Deljanin lebte jetzt nicht mehr wie zu seinen Glanzzeiten im 2. Bezirk, sondern in einer nicht billigen Seniorenresidenz am Rande des Wienerwalds. Er freute sich über den Besuch Trautmanns, zog sich mit ihm in den weitläufigen, gepflegten Garten zurück und ließ, wie er maßlos untertreibend sagte, eine kleine Erfrischung bringen. Schließlich fragte er Trautmann, was ihn hierher, in diese Einsamkeit, geführt habe.

Natürlich wusste auch Deljanin von dem Mord an Fülöp und zeigte sich über dessen Todesart bestürzt.

„Die Zeiten sind keine Zeiten mehr, lieber Freund Trautemann", sagte er bekümmert und zündete sich eine riesige Zigarre an. „Keine. Früher hat man zwar auch Leute umgebracht, natürlich. Aber auf zivile Art und Weise. Man hat auf sie geschossen oder sie gestochen, das ist vorgekommen. Aber einem mitten in der Wiener Innenstadt den Kopf abgeschnitten, das hat man nicht."

Trautmann rollte sich eine Zigarette, zündete sie an und zog sich sein linkes unteres Augenlid hinunter, um dem, was er sagen würde, eine gewisse Glaubwürdigkeit zu verleihen.

„Logisch haben sich die Zeiten geändert, Alter. Und die Leut ja auch. Sogar wir alten Hunde sind nicht mehr wie früher. Irgendein Philosoph hat vor x-hundert Jahren gesagt, dass alles fließt und sich ändert. Damit hat er ja zum

Teil recht gehabt. Nur in einer Sache hat er danebengegriffen. Es ändern sich zwar die Zeiten und äußerlich auch die Leute. Aber das, was in ihnen drin ist, hat sich nicht geändert. Sie schauen zwar anders aus als früher und ziehen sich anders an, wohnen anders, haben ein Auto und ein Handy und, und, und … Aber dass sie ganz tief drinnen gierig, gehässig und zum Teil mörderisch veranlagt sind und einander wegen ein paar Euro oder wegen einer Wurstsemmel umbringen, das ist gleich geblieben."

„Weil manche Menschen, Gott weiß warum, eine böse Seele haben, alter Freund."

Der trotz seines unguten Lebenswandels fromme Orthodoxe bekreuzigte sich ausladend, schaute kurz zum Himmel und sagte: „Gott hat die Welt gemacht und auch die Menschen, Trautemann."

Deljanin hatte sich noch immer nicht damit anfreunden können, Trautmanns Namen ohne das unnötige e auszusprechen, obgleich ihm dieser immer wieder seinen Namen ohne das e vorgesagt hatte.

„Und eine unsterbliche Seele, die irgendwann in den Himmel kommt oder in der Hölle schmort. Wie und warum, das weiß nur Gott allein."

Trautmann konnte als Buddhist über diese Aussage nur lächeln.

„Es gibt keinen Gott, alte Hütten. Darum hat er auch den Menschen nicht gemacht. Und wenn doch und wenn die Menschen, wie die Kirche sagt, Gottes Ebenbild sind, dann müsst der ein ganz schönes Arschloch sein."

Deljanin bekreuzigte sich mehrmals.

„Und Seele", fuhr Trautmann fort, „gibt es auch keine, sondern nur ein vorübergehendes Bewusstsein der Lebewesen. Und was die Leute angeht, haben blöderweise alle auch ein Selbstbewusstsein, von dem der ganze Scheiß kommt, was sie unter- und miteinander machen. Und, zum hundersten Mal Deljanin, ich heiß nicht Trautemann, sondern nur Trautmann. Traut- und -mann, ohne e!"

„Weiß ich ja. Aber du bist einer, der das versteht, Trautemann. Du glaubst ja auch deinen Büchern, wenn die sagen, dass es dich und andere gar nicht gibt, sondern alles nur auf Einbildung beruht."

„Das stimmt ja auch."

Deljanin lächelte: „Entschuldige – aber warum verbringst du dann dein Leben damit, Mörder und andere Kriminelle zu jagen und einzusperren, wenn es weder dich noch die gibt? Und kommst zum alten Deljanin, den es ja auch nicht gibt."

„Weil ich halt genau so ein Trottel bin wie alle andern."

Trautmann warf die Zigarette weg, zertrat sie und rollte sich die nächste.

Deljanin hatte ja recht. Denn er, Trautmann, ein uninteressanter, kleiner Kriminalbeamter, glaubte nicht wie Deljanin an eine unsterbliche Seele, sondern an die Anatta-Lehre Buddhas von der Unpersönlichkeit. Aber er glaubte eben nur. Persönliche Erfahrung hatte er keine, weil er von Erleuchtung äonenweit entfernt war.

Er zündete sich die neue Zigarette an und hörte auf, sich zum hundertsten Mal Gedanken über etwas zu machen, das für ein kleines Licht wie ihn sowieso zu hoch war.

Deljanin deutete auf die auf einem Gartentischchen stehende „kleine Erfrischung". „Wir wollen zugreifen und uns mit ein paar Bissen und Schlucken stärken, Trautemann. Unser Körper, ob es ihn gibt oder nicht oder ob der eine oder keine unsterbliche Seele hat, braucht das ab und zu."

Während sie aßen und tranken, sagte Deljanin mit vollem Mund: „Ich bin schon ein alter Mann, Trautemann. Sehe und höre schlecht und kann kaum mehr gehen. Aber von irgendwo her steigt mir eine schwache Erinnerung auf, dass dieser Fülöp ... Aber es ist nur eine Erinnerung, die falsch sein kann."

„Dann red oder scheiß Buchstaben, Alter. Was für eine Erinnerung ist dir aufgestiegen?"

„Ich", sagte Deljanin nach einer Pause, „glaube, irgendwann gehört zu haben, dass Leute aus Ungarn früher, vielleicht auch jetzt noch, in dem Geschäft sind, das ihr von der Polizei Menschenhandel nennt. Und dieser Fülöp könnte einer von denen gewesen sein. Könnte, Trautemann! Wissen tue ich das nicht, außerdem haben sich ja die Zeiten geändert. Jetzt regieren Russen, Bulgaren, Rumänen und andere Ostleute in dem Geschäft. Gott möge sie verdammen. Und in diesen Kreisen gibt es eben manchmal ungeklärte Todesfälle oder es stirbt einer auf gewaltsame Weise. Und ab und zu werden Frauen, die ausbrechen wollen, erschlagen und angezündet aufgefunden. Aber es gibt keine Hinweise und Spuren und die Geschichte verläuft im Sand. Aber lassen wir das, Trautemann. Ich habe damit nichts zu tun. Es ist recht kalt, gehen wir lieber ins Haus."

Die beiden gingen ins Haus und in Deljanins geräumiges Apartment, dessen Miete sicher nicht billig war. Wenn man noch die Mahlzeiten, das Wäschewaschen, die sonstige Betreuung und alle möglichen außertourlichen Leckereien sowie die teuren Zigarren dazurechnete, musste monatlich ein schönes Sümmchen zusammenkommen. Aber offensichtlich konnte sich das der „Privatier" Deljanin leisten.

Im Apartment redeten die beiden noch über alle möglichen Geschichten aus ihrer Vergangenheit, aber über Menschenhandel und die Rotlichtszene verloren sie kein Wort mehr. Deljanin lud Trautmann noch zu einem frühen Abendessen ein und bedauerte danach, dass der ihn schon wieder verließ.

Trautmann machte auf dem Weg in die Ast Zentrum/Ost noch einen Abstecher ins Landeskriminalamt und redete mit Oberstleutnant Kluger, mit dem er seinerzeit in der Polizeischule gewesen war.

Kluger hatte nicht wie Trautmann Volks- und Hauptschule, sondern ein Gymnasium besucht, hatte maturiert und nach einigen Jahren als gewöhnlicher Polizist den Offizierskurs besucht. Er war vom eingeteilten zum leitenden Polizeibeamten aufgerückt, also Offizier geworden. Jetzt war er Vizechef im Referat 5, das für Prostitution, Menschenhandel und Schlepperei zuständig war.

Kluger war wie Trautmann beinahe eine Legende und hatte über seinen Bereich ein Wissen, das umfassender als das seiner Vorgesetzten war. Er kannte auch einige maßgebende Menschenhändler, die allerdings so gefinkelt waren, dass weder er noch seine ausländischen Kollegen sie festnageln konnten. Sie hatten angeblich Berufe im Import- und Exporthandel oder führten Lokale, in denen es aber kaum Gäste gab und die daher mehr oder weniger Verlustgeschäfte und Scheinfirmen sein mussten. Diese Männer standen zwar immer wieder unter Verdacht, nicht nur mit Menschen, sondern auch, wenn es sich ergab, mit Waffen zu handeln, aber es war ihnen eben nichts nachzuweisen. Sie waren von hochrangigen Anwälten umgeben und jede Ermittlung gegen sie verlief im Sand. Es konnten immer nur deren Leute aus der dritten oder vierten Reihe ermittelt und verurteilt werden.

Kluger freute sich über den Besuch Trautmanns. Er wusste bereits, dass dieser demnächst zum Chefinspektor befördert werden würde.

Aber über Fülöp wusste er nicht einmal ansatzweise etwas. Er konnte sich auch nicht vorstellen, dass der im Gewerbe tätig gewesen war.

„Aber theoretisch ist es schon möglich, dass er irgendwie involviert war. Auch wenn über ihn nichts bekannt ist. Es hat ja schon Fälle gegeben, in denen ein Besenstiel geschossen hat. Unmöglich ist ja nichts, aber das weißt du ja selber. Allerdings, wenn in diesen Kreisen einer ausgeschaltet wird, geschieht das auf die übliche Art. Er wird von einem Pkw oder Lastwagen niedergeführt und der Lenker begeht Fahrerflucht und kann nicht ermittelt werden. Oder es kriegt einer ein paar Gewichte umgeschnallt und verschwindet in der Donau oder wird von einem unbekannten Täter umgeschossen oder *abgefeitelt*. Geköpft ist meines Wissens nach noch nie einer worden. Euer Täter muss ein Irrsinniger sein, dem es nur ums Töten geht und der sich seine Opfer zufällig aussucht."

„Auf die Idee sind wir auch schon kommen", sagte Trautmann. „Aber es gibt ja haufenweise Irrsinnige, denen man das nicht anmerkt, die von anderen als ganz normale, oft freundliche oder zurückgezogen lebende Menschen beschrieben werden. So einen kannst nur herausfinden, wennst ihn entweder auf frischer Tat ertappst oder durch einen zuverlässigen Tatzeugen ermitteln kannst."

„Eben."

„Uns", setzte Trautmann fort, „gibt nur eins zu denken: Der Typ hat Visitkarten mit seiner Handynummer drauf eingesteckt, aber kein Handy dabei gehabt. Brieftasche, Ausweise und Geld waren noch da. Nur das Handy nicht. Aber das hat doch jeder, der eins hat, eingesteckt. Und in dem seinen Zimmer in der Pension war es auch nicht. Orten haben wir es auch nicht können. Das ist doch merkwürdig."

„Dann", sagte Kluger, „gibt es vielleicht doch eine Verbindung zwischen Täter und Opfer. Weil der Täter das Handy …"

„Daran haben wir auch schon gedacht", unterbrach ihn Trautmann. „In dem Handy war vielleicht was gespeichert, was auf den Täter hinweisen könnt. Dann hat der Täter das unortbare Handy aber unbrauchbar gemacht. Aber das würde kein Irrer machen, dem es nur darum geht, einen anderen möglichst spektakulär umzubringen."

Als Trautmann in seine Dienststelle zurückkam, waren die anderen schon da und er erfuhr, dass auch sie nur mehr oder weniger leere Kilometer gemacht hatten.

Inzwischen hatte die Ungarische Botschaft ebenfalls recherchiert und festgestellt, dass Fülöp in Budapest allein gelebt und keinerlei Verwandte gehabt hatte.

Die örtliche Polizei hatte natürlich dessen Wohnung durchsucht, aber nur Unterlagen über seine Firmen und Bankauszüge sichergestellt.

Es hatte sich herausgestellt, dass Fülöps Event Group im Grunde nur auf dem Papier bestanden hatte und die Boutique insolvent war.

Fülöp hatte zwei Konten gehabt, auf denen kaum Geld lag. Bei einer Bank hatte er jedoch ein Schließfach gemietet gehabt, das behördlicherseits geöffnet worden war und in dem sich Dollars, Euros und Schweizer Franken befunden hatten. Umgerechnet waren das fast zweihunderttausend Euro.

Ein Testament war weder in seiner Wohnung noch im Schließfach gefunden worden. Nachfragen bei Notaren und Anwälten hatten ergeben, dass Fülöp bei keinem testiert hatte.

Die bei ihm gefundenen Effekten wurden vom Innenministerium der Ungarischen Botschaft übergeben, welche die Bezahlung des Zimmers in der Pension Treidler, die Kremierung des von der Gerichtsmedizin und dem Gericht freigegebenen Körpers und die Beisetzung der Urne im Wiener Urnenhain veranlasste.

Für die österreichische und die ungarische Polizei war die Angelegenheit somit erledigt, und es war so, als ob ein Mann namens Sándor Fülöp nie gelebt hatte.

Die Gruppe Trautmann ermittelte zwar trotzdem weiter, fand aber nach wie vor keine Hinweise, die brauchbar gewesen wären.

Dann ergab sich aber doch noch etwas ...

5

Am 2. November erschienen zwei junge Leute in der Ast Zentrum/Ost, die zum Mordfall Fülöp eine Aussage machen wollten. Es handelte sich bei den beiden um den zwanzigjährigen Franz Schachinger und die siebzehnjährige Iris Gschwandner. Sie wurden von der Polizeiinspektion an Trautmann verwiesen.

Die beiden waren, wie sie angaben, am 17. Oktober nach Kuba auf Urlaub geflogen und hatten dort zwei Wochen lang keinerlei Nachrichten aus Österreich gehört oder gelesen.

„Wir haben erst gestern", sagte Gschwandner, „wie wir wieder nach Haus gekommen sind, von dem Mord gehört und dass die Polizei mögliche Zeugen aufgerufen hat, sich zu melden."

„Und auf das hin", grinste Schachinger, „hat die Iris durchgedreht und gemeint, wir müssen unbedingt auf die Polizei gehen."

„Aha. Und was haben Sie zu melden?

„Eigentlich eh nichts. Die Iris bildet sich halt ein, dass ..."

„Ich bilde mir gar nichts ein", unterbrach ihn die junge Frau. „Aber was ich gesehen hab, das hab ich gesehen. Und vielleicht kann die Polizei damit was anfangen. Im Fernsehen sieht man ja in den Krimis, dass für die Polizei oft Kleinigkeiten wichtig sein können!"

Trautmann nickte. „Das stimmt, junge Frau." Dann fragte er: „Also, was haben Sie gesehen oder glauben Sie, gesehen zu haben?"

„Na, den komischen Blinden."

„Welchen Blinden? Können Sie mir das näher erklären?"

„Da gibt es nichts zu erklären, Inspektor", sagte Schachinger. „Wir haben halt einen Blinden gesehen und sonst nichts."

„Bitte genauer", sagte Trautmann und rollte sich eine Zigarette. „Was war mit dem Blinden? Wann haben Sie den gesehen und wo? Und warum war der komisch?"

„Weil der … Also, das war so, Herr Inspektor: Ich und der Franzi haben am Tag vor dem Fortfliegen noch ein bissl fortgehen wollen. Da waren wir halt in der Stadt, haben uns umgeschaut und sind *gestrandelt*. Waren in zwei Lokalen. Erst im Café Hawelka und dann in dem großen Lokal am Lugeck, wo wir eine Pasta gegessen haben. Und dann war es schon spät, wir haben aber noch zum Ring gehen und uns dort ein Taxi nehmen und nach Haus fahren wollen."

„Und?", fragte Trautmann, der wegen der langatmigen Schilderung schön langsam die Geduld verlor. „Und, was war dann?"

„Da haben wir eben den Blinden gesehen", sagte Schachinger. „Der ist aus der Essiggasse in die Bäckerstraße gekommen."

„Ja", setzte Gschwandner fort. „Da hab ich mir denkt: Was macht ein Blinder um die Zeit, es war ja schon elfe herum, allein noch auf der Gasse. Da war aber noch was …

Der Blinde ist nämlich so gegangen, als tät er eh sehen und ..."

„Wie soll ich das verstehen?", unterbrach Trautmann sie und rollte sich die nächste Zigarette: „Was meinen Sie mit, wie wenn er eh sehen täte?"

„Na, was so ein Blinder ist, der geht doch langsam und sucht mit seinem Stock, wo und wie er gehen kann. Das hat der aber nicht gemacht. Der ist ganz flott in Richtung Lugeck gegangen. Aber wie von dort Leute kommen sind, ist er viel langsamer geworden und wieder wie ein richtiger Blinder gegangen."

Trautmann zündete sich die Zigarette an und dachte über das Gehörte nach.

Aus der Essiggasse, wo der Mord geschehen war, war also ungefähr zur Tatzeit ein Blinder gekommen, der möglicherweise gar nicht blind gewesen war, sondern die Blindheit nur vorgetäuscht hatte. Diesen Mann zu ermitteln, war, wenn er tatsächlich blind war, kaum möglich. Denn es gab ja Hunderte von Blinden in Wien. Und wenn es sich um einen Sehenden handelte, der nur vorgetäuscht hatte, blind zu sein, war der auch kaum zu ermitteln.

„Wie hat dieser Blinde denn ausgeschaut?", fragte Trautmann. „War er groß, klein, massig oder dünn? Und was hat er denn angehabt?"

„Stehen S' einmal auf, Inspektor", sagte Schachinger. Und als Trautmann aufgestanden war: „Ungefähr so groß wie Sie. Aber magerer."

Trautmann setzte sich wieder und die Gschwandner ging auf seine vorherigen Fragen näher ein.

„Einen dunklen Mantel hat er angehabt und auf dem Kopf einen Hut. Und eine schwarze Brille auf. Und einen weißen Stecken, wie ihn Blinde halt haben, hat er in der Hand gehabt. Ja, und eine gelbe Armbinde hat er auch umbunden gehabt."

Trautmann notierte sich die Adressen der beiden und fragte noch formhalber: „Würden Sie diesen Mann bei einer Gegenüberstellung wiedererkennen?"

Beide jungen Leute glaubten das nicht. Außer vielleicht, wenn er gehen würde, an seinem Schritt und seiner Haltung.

Das gehörte allerdings in die Abteilung Hirngespinste. Erstens gab es jede Menge Blinde in Wien und dann war dieser Blinde vielleicht nicht einmal aus Wien. Aber so oder so: Ein Mensch konnte ja auch seinen Schritt verändern, und dann war der Mord ja nicht mit einem Stock, sondern einem Schwert oder schwertähnlichen Gegenstand begangen worden.

Trautmann bedankte sich bei den beiden und ging zu seinem Oberst, um ihm zu berichten.

Natürlich maß auch Sporrer den Angaben der jungen Leute nicht wirklich eine Bedeutung bei. Merkwürdig war allerdings, dass dieser Blinde ausgerechnet zur Tatzeit aus der Essiggasse gekommen war. Zufall? Vielleicht war es jemand gewesen, der in einem Lokal oder in einer Privatwohnung als Blinder verkleidet auf einer Kostümparty gewesen war. Und dann, nach Verlassen des Festes, aus Spaß seine Camouflage fortgesetzt hatte. Er hatte womöglich den toten Fülöp auf dem Boden liegen gesehen und war deshalb mit einem Mal schneller gegangen. Auf jeden Fall hatte er nicht die Polizei angerufen, denn der Anrufer war hundertprozentig eine Frau gewesen. Aber was, wenn sich eine sehende Frau als blinder Mann verkleidet hatte?

„Na, Schwamm drüber", sagte Sporrer. „Wir können nicht alle Blindenheime und Wohngemeinschaften anrufen und fragen, ob von dort wer am 16. Oktober in der Nacht unterwegs gewesen ist. Wir können in allen Lokalen der Umgebung fragen, ob es ein Kostümfest gegeben hat, auf dem auch einer als Blinder verkleidet war. Aber wenn das in einer Privatwohnung war, haben wir voll *die Gurkn*."

Weil es aber durch einen unglaublichen Zufall doch möglich sein konnte, auf einem riesigen Sandstrand ein bestimmtes einzelnes Sandkorn zu finden, wurde doch noch in allen möglichen Blindenheimen, Wohngemeinschaften, Lokalen oder, wenn vorhanden, auch bei den Hausbesorgern und Hausbesorgerinnen wegen eines Kostümfests nachgefragt, was natürlich ohne Ergebnis blieb.

Trautmann brachte wieder die berühmten „Sieben W" ins Spiel und resümierte: „Also, Kinder, das Wer und Wo: Wir wissen bis jetzt, dass dem Fülöp am 16. Oktober um 23.00 Uhr in der Essiggasse der Kopf abgehaut worden ist. Aber mit welcher Tatwaffe und wie das passiert ist und warum und durch wen wissen wir nicht. Der Typ ist ein unbeschriebenes Blatt gewesen. Seine Firmen waren nichts wert, und dass er ein Spieler und Hurengeher war, sagt nichts. Und nach allem, was wir wissen, hat er auch keine erkennbaren Feinde gehabt. Dass ich per Zufall und unter der Hand gehört hab, dass er vielleicht was mit dem Handel von Ostweibern zu tun hat, ist mehr als unsicher oder überhaupt nur ein Gerücht."

„Ostfrauen", warf Reisinger betont ein. „Frauen. Also, bitte, schön sprechen, Trautmann."

„Hab ich ja eh gesagt – Frauen. Oder?"

Und Sporrer rügte: „Deine ‚Zufälle' und dein ‚unter der Hand' kenn ich zur Genüge. Das sind Methoden aus der Steinzeit und bringen nur die interne Untersuchungskommission auf Trab. Und deine machomäßigen Weiber-Sager gehen mir auch auf die Nerven. Wennst jetzt demnächst Chefinspektor wirst, musst du dir das langsam abgewöhnen und politisch korrekt reden. Sonst wirst eines Tages in die Verkehrsabteilung versetzt."

Zu Beginn des Jahres 2011 wurde Trautmann zum Chefinspektor im Kriminaldienst der Bundespolizeidirektion Wien ernannt, was natürlich mit einer Feier verbunden war, die seine Kollegen aus der Ast Zentrum/Ost in einem im 9. Bezirk befindlichen Gasthaus gegenüber der alten Rossauer Kaserne veranstalteten. Das Lokal wurde von einem ehemaligen Kriminalbeamten geführt. Es gab reichlich Essen und Trinken, Trautmann erhielt mehrere Flaschen Kognak, eine Palette Dosenbier und zehn Packungen seines Lieblingstabaks. Sowohl vom Bundes- wie auch Landeskriminalamt und der Polizeidirektion waren, obgleich eingeladen, keine höheren Dienstränge gekommen.

Das kommentierte ein Ehemaliger, der mit Trautmann befreundet war, mit den Worten „Die hinigen Häusln braucht eh keiner" und erntete damit allgemeine Zustimmung. Denn alle, die einen höheren Dienstrang als Oberst bekleideten, waren in den Kreisen altgedienter Kiberer nicht sonderlich beliebt. Es genügte schon, wenn solche Typen bei Jahresversammlungen, Ehrungen oder auf dem Polizeiball auftauchten. Sonst reichte es vollkommen, wenn sie einen aus dem Fernsehkastel anschauten und ernsten Blickes angeblich Wichtiges von sich gaben.

6

Einen Tag nach der Feier für Trautmann durchsuchte der dreiundsiebzigjährige Anton Poppenwimmer, der von einer Mindestpension lebte, wie so oft die vor der Wohnanlage Ecke Geiselbergstraße/Nemelkagasse im 11. Bezirk aufgestellten großen Container für Müll, Papier-, Metall- und Plastikabfälle. In ihnen fanden sich oft zwar abgelaufene, aber originalverpackte Lebensmittel, allerlei Zeitschriften, manchmal sogar Bücher oder Pornohefte sowie Metallteile, mit denen Poppenwimmer noch etwas anfangen konnte.

Diesmal gab es auch weihnachtlichen Abfall, wie Silberschnüre, zerbrochenen Christbaumschmuck, Tannenzweige und sogar ganze kleine Christbäume. Der Heiligedreikönigstag war vorbei und die Leute entsorgten ihre Weihnachtsbäume und ihre Weihnachtsdekoration.

An diesem Samstag, dem 8. 1. 2011, fand Poppenwimmer im Papiercontainer sogar zwei arg zerfledderte Taschenbuch-Kriminalromane von Mankell und den gut erhaltenen leinengebundenen Roman „Bis zur bitteren Neige" von Simmel. Das freute Poppenwimmer, der alles von Simmel außer diesem Roman kannte, und er nahm sich vor, dieses Buch in aller Behaglichkeit am Nachmittag zu lesen.

Dazu kam es aber nicht, weil Poppenwimmer im ersten der großen Müllcontainer außer einigen noch verschlossenen Konservendosen mit Pferdegulasch und grünen Erbsen einen unförmigen Sack entdeckte, der auf einer Seite aufgerissen war. Dadurch war so etwas wie eine menschliche Ferse zu sehen.

Poppenwimmer riss den Sack weiter auf und sah, dass dieser zwei menschliche Beine, vom Oberschenkel bis zu den Füßen, enthielt. Daraufhin wurde ihm schlecht und schwindlig.

Als er sich einigermaßen erholt hatte, rief er per Handy 133 an und meldete stotternd seinen Fund. Er schaute auch in den anderen Müllcontainern nach und entdeckte auch dort zwei ziemlich pralle Säcke, die er jedoch nicht öffnete, weil er sich vorstellen konnte, was in diesen war.

Kurze Zeit später kam von der Polizeiinspektion des am Enkplatz stationierten Stadtpolizeikommandos für den 11. Bezirk, Simmering, ein Streifenwagen mit dem Inspektionskommandanten Kuderna und der Polizeiaspirantin Eichberger.

Kuderna, ein großer, überaus massiger Mann, der weit über hundert Kilo wog, und die kleine, bloß fünfzig Kilo schwere Eichberger schauten in den zerrissenen Plastiksack mit den Beinen, ließen aber die beiden anderen Säcke, wo sie waren.

„Die Füß und die Schenkeln nach stammen die Teile von einer Frau", konstatierte Kuderna. „Und von keiner jungen, weil die Schenkel eine starke Cellulitis haben, was ja nur Frauen haben und Männer nicht."

Er dachte kurz an den saublöden, nur von Männern kolportierten Witz, dass Männer nie Cellulitis haben, weil das nicht schön ist, und rief dann die Ast Zentrum/Ost in der Leopoldsgasse an, damit die dortigen Kollegen alles Weitere veranlassten.

Nach zwanzig Minuten trafen Trautmann, Dolezal und Sporrer sowie eine Tatortgruppe bei den Containern ein, was Kuderna mit den Worten kommentierte: „Na, wenn's bei mir einmal so weit ist, schick ich euch um den Tod, Burschen. Habts ihr beim Herfahren einen Umweg über St. Pölten oder was gemacht."

„Dein ‚oder was' kannst dir schenken, Leo", sagte Trautmann. „Wir sind wegen zwei Baustellen und den entsprechenden Staus steckengeblieben und trotz Horn und Blaulicht nicht weiterkommen. Aber jetzt sind wir ja da, also bleib freundlich, du alte Hundshütten."

„Freundlich bin ich immer", grinste Kuderna. „Zu der ganzen Welt. Und wenn ich hier und da einmal einem Festgenommenen ein bissl *kalt und warm* geb, so fällt das unter den Begriff ‚Wer sich in einer allgemein begreiflichen Gemütsbewegung dazu hinreißen lässt …', und das ist ja okay. Und manche betteln ja direkt um ein paar aufmunternde Watschen."

Das war zwar eine etwas verbogene Wahrheit, aber Trautmann ließ sie gelten, weil ihm ja auch manchmal die Hand auskam, wenn ein Festgenommener eine zu große Lippe riskierte. Ein Polizeibeamter sollte zwar auch dann Ruhe bewahren und sachlich bleiben, aber letzten Endes waren Polizisten eben auch nur Menschen.

Sporrer und der Führer der Tatortgruppe ließen sich von Kuderna und dem übernervösen Poppenwimmer kurz über den Fund berichten, dann wurde das Gebiet um die Container mit rot-weiß-roten Bändern mit der Aufschrift „POLIZEI TATORT-GRUPPE – Betreten verboten!" abgesperrt. Die Tatortleute fotografierten zuerst die geschlossenen, dann die geöffneten Container, ehe sie sich daran machten, die drei Plastiksäcke auf den Boden zu legen und deren Inhalt durch Fotos zu dokumentieren.

Die drei Säcke enthielten zusammen fast den ganzen Körper einer dicken Frau.

Der erste enthielt nur die Beine, vom Oberschenkel bis zu den Füßen, der zweite den Rumpf samt den enormen, sackartigen Brüsten der Frau und der dritte, in dem sich auch Hausmüll befand, die Arme und Hände, die sichtlich unsachgemäß abgetrennt worden waren. Der Kopf der Frau befand sich aber weder in einem der Säcke noch in einem der Container, die von den Tatortleuten ebenfalls ausgeleert worden waren.

Dann kam die Gerichtsmedizinerin Andrea Zimper, die sich die Leichenteile bloß flüchtig anschaute und feststellte, dass sie von einer nicht mehr jungen Frau stammten, die vermutlich vor ungefähr sechs bis acht Stunden verstorben war.

Möglicherweise war die Frau mit einem Kabel oder Drahtstück erdrosselt worden, weil am vorhandenen Teilstück des Halses entsprechende Spuren zu sehen waren. Genaueres würde erst die Obduktion erbringen.

Dann ordnete Dr. Zimper an, dass die Leichenteile versorgt und in die Gerichtsmedizin verbracht werden sollten.

Die Polizisten und die Ärztin machten sich zur Abfahrt bereit.

Kuderna rief die Magistratsabteilung 48 an, damit der umherliegende Müll entsorgt wurde, und sagte, er würde die Polizistin hier lassen. Und damit nicht die mittlerweile zahlreichen Neugierigen im Mist herumstocherten und auch der Leichentransport in Ordnung ging, wollte er ihr Verstärkung schicken.

Die Tatortleute bedeckten die Plastiksäcke und die Leichenteile mit mitgebrachten Planen. Genauere Untersuchungen der Leichenteile vor Ort waren ja nicht notwendig, die Untersuchungen waren Sache der Gerichtsmedizin und des Polizeilabors.

7

Als Trautmann, Dolezal und Sporrer abfahren wollten, erschien plötzlich ein älterer Mann und fragte: „Und, meine Herren, wissen S' schon, von wem die Teile sind?"

Als Sporrer verneinte und anmerkte, das müsse erst festgestellt werden, blähte sich der ältere Mann förmlich auf. „Aber ich weiß es", sagte er. „Ich, meine Herren."

Er zeigte auf seinen Hals und meinte: „Da lass ich mich einestechen, wenn ich unrecht hab!"

Trautmann rollte sich eine Zigarette und zündete sie an. Sagte paffend zu dem Mann: „Aha, und du Gscheiterl weißt, wer sie war. Wieso? Hast du sie vielleicht umgebracht und zerlegt und dann in die Mistkübeln eineghaut? Wer bist du denn überhaupt?"

„Ich bin der Albert Dobrowolny und wohn im Haus vis-à-vis. Ich hab beim Fenster abegschaut, wie ihr mit Horn und Trara kommen seids. Und da hab ich meinen Feldstecher genommen und, weil meine Augen nimmer die besten sind, durch ihn runtergeschaut. Wie ich den Oberkörper und die Tutteln gesehen hab, hab ich geglaubt, mich trifft der Schlag. Weil solche Mordstrümmer, hab ich mir denkt, das können nur die von der Rosi sein. Solche Sehenswürdigkeiten hat keine andere Frau, die ich kenn."

„Also bist du sozusagen ein Tuttelexperte und kennst die von allen Frauen in Wien."

„Nein, überhaupt nicht. Aber die von der Rosi kenn ich, weil die wie ich einmal in der Woche in die gemischte Sauna geht, und da muss ich sie ja sehen."

Sporrer trat näher zu Dobrowolny und fragte ihn: „In welche Sauna?"

„In die am Gräßlplatz. Dort gehen wir ja alle hin. Und logisch kennt einer den anderen auch als Nackerten. Da hat ja keiner was an. Darum muss zumindest der Oberkörper der von der Rosi Prücklmayer sein. Die ist – oder war, weil s' ja jetzt tot ist – eine Witwe, irgendwas über sechzig und hat manchmal was mit Männern gehabt, was durch die Bank jünger als sie und ausländische Zeitungsverkäufer waren."

„Und Sie wissen auch, wo sie wohnt?"

„Hab ich des net gesagt? In dem Bau, vor dem wir da stehen. Auf der 14er-Stiege."

Trautmann schrieb sich Namen und Adresse des Zeugen auf und Sporrer sagte: „Du und der Dolezal, ihr schauts euch jetzt einmal im Haus um. Und in der Wohnung von der Prücklmayer. Und ich fahr ins Koat zurück."

„Machen wir", sagte Trautmann.

Dann fuhr Sporrer weg und Trautmann und Dolezal gingen in den Baukomplex und zur Stiege 14, deren Eingangstür allerdings versperrt war.

Dolezal sah anhand der Namenstäfelchen auf dem Klingeltableau, dass Rosa Prücklmayer nicht nur auf Stiege 14, sondern auch auf Tür Nummer 14 wohnte. Obwohl er, wie Trautmann auch, dachte, dass Dobrowolny wohl recht mit seiner Vermutung hatte, klingelte er. Als sich niemand meldete, drückte er aufs Geratewohl bei einem anderen Namen, worauf sich eine Frauenstimme meldete und fragte, wer denn läute.

„Die Polizei", sagte Trautmann. „Bitte lassen Sie uns herein."

„Warum sind S' denn da? Um was geht es denn? Ich hab mit der Polizei nichts zu tun. Ich heiß Grashofer – wollen S' vielleicht zum jungen Gerasdorfer und haben Ihnen geirrt?"

„Nein", sagte Dolezal, „wir wollen mit Ihnen reden. Aber nicht per Hausanlage. Lassen Sie uns rein und dann erklären wir Ihnen auch, um was es sich handelt."

„Na, dann kommen S' halt. Ich wohn auf Tür Nummer 8."

Die Türverriegelung klickte und Trautmann und Dolezal betraten das Stiegenhaus. Als sie zur Wohnung Nummer 8 kamen, stand bereits eine junge Frau in der offenen Tür und verlangte: „Bevor wir reden, möchte ich Ihnere Ausweise sehen."

Dolezal zückte seine kleine Mappe, klappte sie auf und hielt sie der Frau hin.

„Bezirksinspektor Dolezal vom Kriminalkommissariat Zentrum/Ost. Und der andere ist mein Kollege Chefinspektor Trautmann. Dürfen wir jetzt hinein?"

Die junge Frau gab den Weg frei und Trautmann und Dolezal gingen in das Vorzimmer.

„Also, dann kommen S' weiter", sagte die junge Frau und deutete auf eine offene Zimmertür, „und sagen S' mir drinnen, um was es geht."

Im Zimmer fragte Trautmann: „Sie haben einen jungen Gerasdorfer erwähnt. Warum?"

„Weil der einer ist, zu dem die Polizei öfter kommt. Und zwei Mal haben sie ihn auch schon mitgenommen. Warum weiß ich nicht, aber irgendwas wird er schon gemacht haben."

Trautmann schaute auf den auf dem Tisch stehenden, mit Kippen gefüllten Aschenbecher. „Da wird, wie ich seh, geraucht. Darf ich mir auch eine anzünden?" Er wartete die Antwort nicht ab, sondern begann sich eine Zigarette zu drehen.

„Es geht um die Frau Rosi Prücklmayer", begann Dolezal. „Von Ihrer Stiege. Wir haben in den Containern vor Ihrem Bau Leichenteile gefunden."

Die junge Frau wurde blass und stützte sich am Tisch ab. „Wieso denn Leichenteile?! Ja, um Gottes Willen, was denn für Leichenteile?!"

„Bis auf den Kopf alles, was zu einem Körper gehört. Und wir haben mit einem Mann geredet, der im Haus vis-à-vis wohnt und zu wissen glaubt, von wem die Körperteile stammen. Nämlich von der Frau Prücklmayer, wenn er recht hat."

Die Frau setzte sich, sichtlich verstört. Sie deutete den beiden Beamten, sich auf zwei andere Fauteuils zu setzen, und zündete sich mit zitternden Händen eine Zigarette an. „Leichenteile, ich bitt Sie, das gibt es ja nicht! Wieso soll die Frau Rosi denn tot sein? Ich hab sie ja erst gestern gegen Abend noch beim Billa gesehen, wie sie einkaufen war. Gestern!"

Trautmann sagte beschwichtigend: „Jetzt tun S' Ihnen beruhigen, junge Frau. Ganz sicher ist das ja noch nicht. Ob das wirklich die Frau Prücklmayer ist, das muss erst die Gerichtsmedizin feststellen."

„Eben", sagte Dolezal und fragte: „Also, Frau Grashofer ... So heißen S' doch?"

„Ja. Steht ja auf meiner Tür und gesagt hab ich es Ihnen auch, durchs Haustelefon."

„Richtig. Also – was können Sie uns über die Frau Prücklmayer sagen? So ganz allgemein. Wie sich halt Hausparteien untereinander kennen. In einem Haus bleibt ja selten was geheim."

„Na, eigentlich weiß ich nicht viel über die Prücklmayer. Sie ist eine rüstige Frau, Witwe und hat ab und zu einen Freund. Immer solche ausländischen Zeitungsverkäufer. Na, jeder nach seinem Gusto, ist ja nichts dabei, oder? Ja, und dann macht sie gerne Radtouren, ist freundlich und nett und liest gern Bücher über frühere Zeiten, die sie mir manchmal borgt. Über Kaiser und Könige und Künstler. Und sie sammelt auch alte Filmprogramme, die sie auf Flohmärkten kauft. Ja, und in die Sauna geht sie auch, in die gemischte. Aber nie nimmt sie da einen von ihren Freunden mit, weil die anderen, was mit ihr in der Sauna sind, Ausländer nicht gern sehen. Außerdem, hat sie mir gesagt, geht es die Saunaleut nichts an, mit wem sie ins Bett geht und was sie sonst noch macht. Das geht auch die Hausleut nichts an, darum kommen die Freund immer nur in der Nacht zu ihr, wenn alle anderen schon schlafen oder fernschauen."

„Können Sie uns einen oder mehrere dieser Freunde beschreiben?", fragte Trautmann.

„Nein. Die *Tschuschen*, ich mein, die Herren von anderswo", verbesserte sie sich, „schauen ja alle mehr oder weniger gleich aus. Und außerdem hab ich ja nur einen, und den ganz flüchtig, gesehen, wie ich selber einmal in der Nacht heimkommen bin. Der ... Na, vielleicht war der an die dreißig. Nicht groß und mit einem Bart auf der Oberlippe."

Das war nicht sehr ergiebig. Trautmann und Dolezal bedankten sich und gingen zur Tür Nummer 14. Sie läuteten vorsichtshalber noch mal, aber wieder rührte sich nichts.

„Na, schauen wir, ob wir Glück haben", brummte Trautmann. „Vielleicht ist die Tür nur zugefallen."

Er zog seine E-Card aus der Tasche, schob sie zwischen Tür und Türstock und die Tür sprang auf. „Na, wer sagt's denn."

Die Tür war bloß zugedrückt oder zugefallen, jedenfalls nicht versperrt gewesen. Trautmann arbeitete oft mit seiner E-Card und behauptete dann, die Tür wäre nur angelehnt, also eh offen, gewesen.

Dolezal und Trautmann betraten die hübsch gestaltete Wohnung und schauten sich vorerst mal um.

Im Zimmer standen einige gerahmte Fotos. Auf einem waren ein Mann und eine dicke, lächelnde Frau abgebildet, auf den beiden anderen war nur die Frau, einmal auf einem Fahrrad, einmal in einem Bikini zu sehen. Die Brüste der Frau in dem knapp sitzenden Zweiteiler fielen sofort auf, sie waren riesig und wurden vom Oberteil nur unzureichend bedeckt.

„Das muss auf allen drei Fotos die Prücklmayer sein", sagte Dolezal. „Der Vorbau ist überall derselbe. Auf dem einen Foto ist sie wahrscheinlich mit ihrem verstorbenen Mann zu sehen."

„Wir nehmen das, wo sie im Bikini ist, mit, Burschi. Da ist ihr Gesicht besonders gut getroffen und es zeigt sie nicht als junge Frau, sondern so, wie sie wahrscheinlich jetzt ausgeschaut hat", entschied Trautmann.

„Mein ich auch", sagte Dolezal. „Mit dem können wir was anfangen. Auch für die Zeitungen und das Fernsehen. Alles andere lassen wir am besten, wie es ist. Drücken die Tür wieder zu und hauen ein Pickerl drüber. Genauer sollen sich die Burschen vom Tatort die Wohnung anschauen."

Sie verließen die Wohnung, befestigten einen Kleber mit der üblichen Aufschrift an Tür und Türstock und gingen zu ihrem Pkw. Sahen dabei nur die Polizistin und die Leute von der MA 48 am Fundort, die Leichenteile waren schon fortgebracht worden.

Dann fuhren sie in die Ast Zentrum/Ost zurück und kauften sich auf dem Weg auf dem Karmelitermarkt in einer neuen Bude eine Currywurst, die aber gegen den gewohnten Pferdeleberkäs, wie Trautmann konstatierte, nur ein heißer *Schas mit Quasteln* war.

8

Aus der Gerichtsmedizin erfuhren die Ermittler, dass das Opfer, mutmaßlich Rosa Prücklmayer, wie am vorhandenen Halsansatz zu sehen war, wahrscheinlich mit einem Kabel erdrosselt worden war. Nach dem Tod war die Frau unfachgemäß und unter Anwendung großer Brutalität zerstückelt worden. Der Täter hatte sich dabei auch einer Elektrosäge bedient und den Rumpf und die Beine maschinell abgetrennt. Die Arme hatte er jedoch bloß angesägt und dann einfach ausgerissen. Außerdem hatte sich bei der Obduktion herausgestellt, dass der Frau vor kurzem die Gallenblase entfernt worden war und dass sie kurz vor ihrem Tod Geschlechtsverkehr gehabt hatte. Womöglich hatte sie der Täter auch erst nach ihrem Tod missbraucht. Die sichergestellten Spermaspuren waren zur DNA-Feststellung eingeschickt worden.

Umfragen in Wiener Spitälern ergaben, dass im Kaiserin-Elisabeth-Spital vor einem halben Jahr einer Rosa Prücklmayer die Gallenblase entfernt worden war. Mit Hilfe der E-Card-Nummer wurde bewiesen, dass es sich bei der Zerstückelten mit Sicherheit um Rosa Prücklmayer aus der Nemelkagasse handelte.

Der eine Woche später eintreffende Bericht des zuständigen Labors ergab, dass die eingeschickten DNA-Spuren weder in österreichischen noch in ausländischen Dateien gespeichert waren.

An den Leichenteilen hatten sich starke Druckstellen befunden, die sicher beim Zerteilen des Körpers entstanden waren. Aus ihnen ging hervor, dass der Täter große und dicke Finger haben musste. Weiters fanden sich an diesen Druckstellen Spuren einer DNA, die mit der des Spermas ident war.

„Die DNA-Spuren können wir vorläufig vergessen, weil sie ja nirgends eine Entsprechung haben", resümierte Oberst Sporrer. „Die bringen uns nichts."

„Aber vielleicht haben wir Glück und stoßen bei einer anderen Amtshandlung auf Übereinstimmungen", sagte Lassinger.

Trautmann nickte. „Du spielst vermutlich auf die Mädchenmorde in Favoriten an, Franzi. Damals hat der Georg Brockmann mit seinen Leuten über tausend Personen befragt, aber außer an Verdacht gegen Typen, die nicht der Mörder waren, war es finster. Der Georg ist deswegen fast narrisch geworden. Damals hat es ja nur Befragungen und Fingerabdrücke, aber noch keine DNA-Feststellung gegeben. Die ist ja erst gekommen, wie der Georg schon ein paar Jahr unter der Erde war. Er hat nicht mehr erlebt, dass bei einer Messerstecherei mit tödlichem Ausgang dem Stecher die DNA abgenommen worden ist und sich dann herausgestellt hat, dass der bis dahin polizeilich unauffällige Typ die Mädchen in Favoriten gemacht hat."

„Sein und dem Georg sein Pech", bemerkte Dolezal trocken.

Trautmann schaute ihn mit seinem gefürchteten stumpfen Blick an und sagte: „Wennst noch ein Mal so lässig über den Georg redest, kommst erst wieder in der Intensivstation zu dir. Weil da brennen bei mir die Sicherungen durch, Burschi."

„Ich hab ja nur sagen wollen", verteidigte sich Dolezal lahm, „dass, wenn wir ein Pech haben, leicht sein kann, dass wir, wenn unser Mörder irgendwann per Zufall doch gefunden wird, vielleicht auch nimmer leben."

„Na, okay", lenkte Trautmann ein. Stand auf, ging zur Kaffeemaschine, schaltete sie ein, rollte sich eine Zigarette und sagte zu Dolezal: „'s nächste Mal reiß dich ein bissl zusammen."

Er produzierte missglückte Rauchringe, ließ den Kaffee in die Schalen zischen und schnauzte Manuela Reisinger an. „Du, Mani, kriegst eh keinen. Du trinkst ja nur dein Limonaden- oder *Teegschlader*, weilst glaubst, dass das gesünder ist. Irgendwann machst du trotzdem wie wir ungesund Lebenden auch einen *Krapfen*, Kinderl. Der *Quiqui* vergisst keinen."

Die Ermittlungen der Gruppe Trautmann im Mordfall Prücklmayer erbrachten keine brauchbaren Hinweise.

Es wurde die ganze Umgebung des Fundorts durchstreift, Hunderte Mieter, Anrainer, Geschäftsleute und ein Dutzend Saunagäste sowie das Saunapersonal wurden befragt. Aber alles, was sie erfuhren, brachte keine brauchbaren Hinweise. Alles, was zu erfahren war, wussten die Kriminalbeamten schon von dem alten Dobrowolny mit dem Fernglas und von der jungen Frau Grashofer von der 14er-Stiege.

Die Tatortleute hatten die Wohnung der Prücklmayer geradezu auf den Kopf gestellt und dabei den Eindruck gewonnen, dass nichts fehlte. Kleidung und Wäsche waren im Übermaß vorhanden, auch gab es einige Schmuckstücke, von denen ein paar sicher nicht billig gewesen waren. Es wurden Unterlagen über zwei Konten bei der Bank Austria gefunden. Auf dem Girokonto lagen 4.500 Euro und auf dem ErfolgsCard-Sparbuch 6.400 Euro.

In Prücklmayers Kellerabteil fand sich neben zwei alten, leeren Koffern ein Fahrrad. Es war ein sogenanntes Montainbike mit einundzwanzig Gängen, ziemlich neu und der Ausführung nach sicher nicht billig. Da waren auch zwei Kannen mit Heizöl, die aus früherer Zeit stammen mussten, weil die Wohnung Prücklmayers wie der ganze Wohnbau seit Jahren Fernwärme installiert hatte.

Der fehlende Kopf der ermordeten und zerstückelten Frau blieb jedoch nach wie vor verschwunden, obgleich ganze Müllberge in der Abfallbeseitigung und auf Müllablageplätzen durchwühlt worden waren.

Da die Ast Zentrum/Ost im Fall Prücklmayer nicht weiterkam, schalteten sich Bundes- und Landeskriminalamt ein. Von einer SOKO wurde die „Operative Fallanalyse", OFA, angewendet, mit der das Bundeskriminalamt seit 2006 versuchte, Licht in Tötungs- und andere schwere und rätselhafte Delikte zu bringen. Die mit der OFA betraute Gruppe, ein Profiler, vier Beamte und zwei Beamtinnen, gab sich alle Mühe und bediente sich aller möglichen Hilfsmittel, trotzdem kam dabei nur sehr selten etwas heraus.

So hatte etwa im Fall der in Österreich aufgefundenen, teilweise verbrannten Frauenleichen die Identität der Opfer – bis auf eine – festgestellt werden können. Der Mörder der Frauen, alle Prostituierte aus Ostländern, war aber bis jetzt nicht ermittelt worden.

Die SOKO ging davon aus, dass der Täter im Fall Rosa Prücklmayer ein anderer als im spektakulären Fall der fünf verbrannten Prostituierten war. Rosa Prücklmayer war bei den Befragungen von ihren Nachbarn als nett und freundlich beschrieben worden und war sicher keine Prostituierte gewesen. Im Gegensatz zu den anderen Opfern, die nicht verstümmelt worden waren, war sie nach ihrem Tod unfachmännisch zerstückelt worden und ihr Kopf war verschwunden.

Das war auch der Unterschied zum Fall Fülöp. Fülöp war durch einen gezielten Schlag, der seinen Kopf fast vom Rumpf getrennt hatte, getötet worden.

Deshalb zogen die SOKO und die Gruppe Trautmann auch in Betracht, dass Fülöp und Prücklmayer von zwei verschiedenen Tätern getötet worden waren.

Die Leiche Rosa Prücklmayers hatte Spermaspuren aufgewiesen. Vielleicht hatte sie ihren Mörder gekannt, eine Beziehung zu ihm gehabt. Jedenfalls war sie nicht in ihrer Wohnung getötet worden, es hatte keine Spuren gegeben, die darauf hingewiesen hatten.

Warum der Täter jedoch die Leichenteile in den Müllcontainern vor dem Haus, in dem Rosa Prücklmayer gewohnt hatte, deponiert hatte, blieb rätselhaft. Hatte er damit etwas demonstrieren wollen? Wenn ja, was? Und wem? Bis jetzt war es jedenfalls noch nicht vorgekommen, dass jemand außerhalb seines Wohnbereichs ermordet und seine Leiche dann zurückgebracht worden war. War da ein Psychopath am Werk gewesen?

9

Ende Februar langte in der Ast Zentrum/Ost ein Brief ohne Absender ein, der in einem Ottakringer Postamt, also im 16. Bezirk, abgestempelt und von dort weitergeleitet worden war. Denn als Adresse stand in sehr unsicherer, krakeliger Handschrift und in ungleich großen Blockbuchstaben nur AN POLIZEI LEPOLDGASSE auf dem Kuvert. Der Inhalt des Briefs, in kaum verständlichem Deutsch mit zahlreichen Rechtschreibfehlern geschrieben, lautete: Ein gewisser Ahmed Mehiar, der in der Brunnengasse, "wo ist Markt", wohnt, hat die "Frau ohn Kopf umbringste".

"Das wird auch wieder nur ein Schas mit Quasteln sein", kommentierte Trautmann. "Aber wissen tut man nie nichts Genaues. Den Brief hat irgendein *Demolierter* geschrieben, ein *Hirnschüssler*, der kein Unsriger ist. Den hat ein Ausländer *hingefelbert*, der was Nahrhaftes sagen oder sich mit uns *ein Häkerl machen* will."

"Weil aber was dran sein kann und wir jeder Spur nachgehen müssen, setzt du dich jetzt mit der Reisinger ins Auto und fahrst in die Brunnengasse", ordnete Sporrer an. "Schaust aber auch bei der Polizeiinspektion Koppstraße vorbei, was in der Nähe ist. Vielleicht haben die was gegen einen Ahmed Mehiar in der Hand."

"Tät ich auch machen", sagte Dolezal. "Der Brief ist offensichtlich von einem Tschuschen, einem Ausländer", verbesserte er sich nach einem scharfen Blick von Manuela

Reisinger, "geschrieben worden, und der, was darin beschuldigt wird, dürfte ein Araber oder so was sein. Nur diese Leute heißen Ahmed Sowieso. Und von den Zeitungsverkäufern sind ja auch die meisten entweder Ägypter oder Inder."

"Und du", sagte Sporrer zu Lassinger, "bleibst da und arbeitest mit dem Dolezal ein paar Akten durch, was schon tagelang bei euch herumliegen."

In der Polizeiinspektion Koppstraße, nahe dem Ludo-Hartmann-Platz gelegen, an dem es auch eine Volkshochschule gab, erfuhren Trautmann und Reisinger nichts über einen Ahmed Mehiar.

"Wir haben hier ja beinahe mehr Ausländer als wie Unsrige", meinte der Wachkommandant. "Aber die meisten passen sich uns mehr oder weniger an. Außer natürlich manche Türken, was glauben, sie sind von ihrem Allah auserwählt und wir Ungläubigen werden nicht im Himmel, sondern in einem Haufen Scheiße enden. Besonders der Brunnenmarkt und dem seine Umgebung sind, tät ich sagen, nicht mehr in österreichischer Hand. Aber die dortigen Ausländer sind durch die Bank gut. Über die kann ich nichts Nachteiliges sagen."

"So schaut es ja auf den meisten Märkten bei uns aus", sagte Trautmann. "Wo früher nur Wiener oder Leute aus Niederösterreich oder dem Burgenland gestanden sind, gibt es halt jetzt alle möglichen Ausländer. Wahrscheinlich sind die fleißiger und es arbeitet bei denen die ganze Familie mit."

Das stimmte. Viele Wiener Märkte waren fast nur mehr in ausländischer Hand, was aber auch zu deren Belebung beitrug. Denn diese Leute verkauften Sachen, die in Wien vorher so gut wie unbekannt gewesen waren, und außerdem waren sie auf mehr als nur ein schnelles gutes Geschäft bedacht, daher oft wesentlich freundlicher als die Wiener.

Einige früher gut besuchte Märkte gab es ja überhaupt nicht mehr, weil sich für sie keine heimischen Stand- oder Kioskinhaber gefunden hatten. Diese hatten keine Lust, sich im Morgengrauen auf einem am Rande Wiens gelegenen Großmarkt einzudecken, sich dann auf einem Markt bis gegen Abend die Füße in den Bauch zu stehen und sich mit mäkelnden Kunden herumzuärgern. Und dann gab es ja auch die zahlreichen Supermärkte, die meist billiger waren und mehr Auswahl boten. In denen konnte man vom Elektrorasierer über Bettwäsche und Kleidung bis zu allerhand Krimskrams alles kaufen – auch Waren, die sonst Fleischhauer, Fisch-, Obst- und Gemüsehändler anboten.

Trautmann drehte sich, obwohl sie kaum zwanzig Minuten in der Polizeiinspektion waren, bereits die dritte Zigarette und leerte seine zweite Schale Kaffee. Er brummte: „Bis zum Brunnenmarkt sind es nur ein paar Schritte, und dort wird es bestimmt keinen Parkplatz geben, weil ja alles von den Marktleuten zugestellt ist. Drum gehen wir per pedes hin. Unseren Wagen lassen wir bei euch stehen. Und wenn es zu einer Festnahme kommt, können wir ja immer noch einen Streifenwagen rufen."

EIN FALL FÜR TRAUTMANN

Die Brunnengasse zieht sich leicht abschüssig von der Gablenzgasse im 15. am Yppenplatz vorbei bis zur Ottakringer Straße im 16. Bezirk hin. In ihrem Mittelteil, nahe der Thaliastraße, befindet sich, wie die alten Wiener sagen, „seit immer schon" der bei der Bevölkerung äußerst beliebte Brunnenmarkt. Was man auf dem Brunnenmarkt und in den Geschäften ringsum nicht bekommt, das gibt es auch nicht. Außer mit Flugzeugen, Panzern und Ozeandampfern wird dort mit allem gehandelt, und die dortigen, meist türkischen, Anbieter beherrschen den Wiener Dialekt oft besser als Leute aus den sogenannten feinen Bezirken Wiens.

Während sich Manuela Reisinger die meist alten und abgewohnten Häuser an der Brunnengasse anschaute, kaufte sich Trautmann an einem Stand eine Leberkässemmel und fand, dass der Ottakringer Leberkäse genauso gut war wie der auf dem Karmelitermarkt nahe dem Kommissariat – oder sogar noch eine Spur fetter und würziger schmeckte. Während er die Semmel mit Genuss verspeiste, fragte er den Händler nach einem Haus, in dem arabische Zeitungsverkäufer wohnen sollten. Dabei landete er einen Glückstreffer.

Der Händler drehte sich halb um und zeigte auf ein dreistöckiges Gebäude. „Dort drinnen wohnen ein paar von denen. Kaufen bei mir Fleisch von Schaf, weil deppert von Religion. Essen kein Schwein, weil verboten. Warum willst du wissen?"

„Weil ich alles wissen will, Alter", sagte Trautmann und schluckte den letzten Bissen hinunter. Er setzte fort: „Wissen ist Macht, hat einmal einer gesagt, und wegen dem haben sie seinerzeit auch das Volksbildungshaus am Hartmann-Platz gebaut. Aber gescheiter sind die Leut meistens trotzdem nicht geworden. Weil, wie es heißt: Wer deppert oder als *Rauschkind* auf die Welt kommt, bleibt das, bis er stirbt. Kann uns, die wir ja Gscheiterln sind, wurscht sein. Du kannst mir noch zwei Leberkässemmeln herrichten, Freund. Ich geh einen Sprung weg und hol sie mir dann. Wennst willst, zahl ich sie dir gleich."

Er machte das, winkte dann Reisinger und ging mit ihr zu dem betreffenden Haus.

Nach Befragung einiger nur schlecht Deutsch sprechender Mieter erfuhr Trautmann, in welcher Wohnung die Zeitungsverkäufer daheim waren.

Auf sein Klopfen an die desolate Tür öffnete ihnen ein alter, bärtiger Mann mit einem speckigen Käppchen auf dem Kopf. Trautmann zeigte seinen Ausweis und seine *Kokarde*, sagte „Polizei" und drängte sich an dem Alten vorbei in die Wohnung. Manuela Reisinger blieb vorerst auf dem Gang stehen, weil ihr die aus der Wohnung strömende Geruchswolke leichte Übelkeit verursachte.

In der kleinen Küche der Zimmer-Küche-Wohnung türmte sich ungewaschenes, säuerlich riechendes Geschirr und an gespannten Stricken hingen diverse gewaschene Hemden, Unterhosen und Blue Jeans. Im angrenzenden Schlafzimmer standen aneinandergepfercht vier Stockbetten.

„Wohnt hier ein Ahmed Mehiar?", fragte Trautmann den Alten, aber der glotzte ihn bloß an.

Als Trautmann lauter nochmals dieselbe Frage stellte, grinste der Alte zahnlos und antwortete: „Nix verstehst, was du sag. Ich nix Deitsch. Aber ..." Er wandte sich zur Tür: „Du warte. Ich holen Dolmatsch."

Der Alte trippelte aus der Wohnung und ging über die Stiege in den nächsten Stock. Trautmann und Reisinger hörten ihn an eine Tür klopfen und in einer Sprache mit jemandem reden, die Trautmann für Arabisch oder eine ähnliche Sprache hielt.

Kurz danach kam der Alte mit einem jungen Mann zurück, der sich leicht verbeugte und in sehr gutem Deutsch sagte: „Mein Name ist Anwar Al-Afifi. Ich bin ägyptischer Student an der Wiener Universität. Und Sie sind von der Polizei, wie mir gesagt wurde. Ich kann, wenn Sie wollen, Ihnen gerne als Dolmetscher für Ihre Fragen dienen."

„Das freut uns", sagte Reisinger und dachte, obgleich sie selber lesbisch war, dass dieser Anwar ein bildhübscher junger Mann war. „Es geht um Folgendes, Herr Al-Afifi: Wohnt hier, in dieser Wohnung, ein gewisser Ahmad Mehiar?"

„Der soll Zeitungsverkäufer sein", setzte Trautmann hinzu.

„Das ist richtig, Herr ... Wie war Ihr geschätzter Name?"

„Trautmann. Chefinspektor im Kriminalkommissariat Zentrum/Ost." Er wies auf seine Kollegin. „Und das ist die Bezirksinspektorin Reisinger von der gleichen Dienststelle. Also, in der Wohnung wohnt der Ahmed Mehiar?"

„Ja, Herr Chefinspektor. Er ist Jordanier und wohnt hier mit jordanischen und irakischen Kollegen. Und der alte Herr, der mich geholt hat, wohnt auch da."

„Nicht schwach", sagte Reisinger. „Da wohnen also in der kleinen Wohnung eine Menge Leute. Nur Männer?"

„Natürlich, Gnädigste. Frauen haben hier keinen Zutritt." Und lächelnd: „Außer es sind Polizistinnen."

Trautmann zog wieder mal sein linkes unteres Augenlid hinunter und grinste Reisinger an. „Muss ich ab jetzt auch gnädige Frau Bezirksinspektorin zu dir sagen, Mani?"

„Geh, sei nicht mit Gewalt deppert, Trautmann", sagte Reisinger. Dann wandte sie sich an Al-Afifi: „Was können Sie uns über Herrn Mehiar sagen, außer, dass er Zeitungsverkäufer ist – ich meine, private Dinge?"

„Nicht viel. Ich weiß, dass er aus der jordanischen Hauptstadt Amman stammt und dass seine Eltern dort mit seinen zwei Brüdern ein kleines Geschäft für Öl und Gemüse betreiben. Und weil dort für Ahmed, wirtschaftlich gesehen, kein Platz war, ist er eben nach Österreich gegangen und arbeitet hier als Zeitungsverkäufer. Er steht, wie ihm zugewiesen wurde, bei der U-Bahn-Station Simmeringer Hauptstraße/Geiselbergstraße. Wo er allerdings jetzt ist, weiß ich nicht. Sein Dienst beginnt jedenfalls gegen 18 Uhr."

„Die ganzen Zeitungsverkäufer auf der Gasse sind arme Teufel", sagte Trautmann zur Reisinger. „Ausgebeutete. Auf dem Papier eigenständige Unternehmer, damit sich ihre Auftraggeber die sozialen Abgaben ersparen. Die Verkäufer arbeiten um ein paar Euro und auf Prozentbasis, und die Unternehmer verdienen sich mit ihnen goldene Nasen. Und außerdem werden den Zeitungsverkäufern auch noch von irgendwelchen Sauhunden aus ihren Ländern, die damit auch gutes Geld verdienen, ihre Standplätze zugewiesen. Und wer sich nicht dran hält und den Bossen keine Schutzgelder zahlt, der *kann sich brausen*. Der wird ‚von Unbekannten' zusammengehaut. So schaut es aus, und jeder weiß das, aber keiner macht was dagegen. Kein Politiker und auch wir nicht. Denen hilft keiner. Alle, die dagegen was machen könnten, denken sich, dass für manche das Leben halt hart ist."

Al-Afifi redete kurz mit dem Alten und sagte dann: „Er weiß es nicht mit Sicherheit, glaubt aber, dass Ahmed mit einem Kollegen zu diesem großen Media Markt in Simmering gefahren ist, um dort einen für alle benützbaren Mikrowellenherd zu kaufen."

Trautmann nickte Manuela Reisinger zu. „Aha. Aber dass wir jetzt dort hinfahren, tun wir uns nicht an, Kinderl. Wir wissen ja nicht, wie der Typ ausschaut, und Namenstaferl wird er kaum umgehängt haben. Also werden wir ihn später auf seinem Standplatz besuchen."

Dann fragte er Al-Afifi: „Können S' uns sonst noch etwas über den Mehiar sagen? Ist er alt oder jung? Hat er Frauengeschichten? Was macht er in seiner Freizeit, wenn er nicht gerade eine Mikrowelle bei einem Discounter kauft?"

„Er spielt Fußball in einer jordanischen Mannschaft, die sich in einer der untersten Spielklassen befindet. Und sonst? Tut mir leid, Herr Chefinspektor. Da weiß ich nichts. Er ist ein hübscher junger Mann, fünfundzwanzig, und hätte gute Chancen bei, Verzeihung, Wiener Frauen aus sozusagen unteren Kreisen."

Trautmann zog das Foto der Prücklmayer aus der Hosentasche und hielt es Al-Afifi hin. „Bei der Frau vielleicht auch?"

„Das kann ich nicht sagen, Herr Chefinspektor. Ahmed spricht ja nicht über seine Frauen, aber ich habe ihn ein Mal mit einer großen, schlanken, ja beinahe mageren Frau gesehen, die sicher um einige Jahre älter war als er. Von den anderen Frauen weiß ich nichts – wenn es sie überhaupt gegeben hat."

Er lächelte: „Manche Männer geben ja gerne mit ihren Eroberungen oder ihrer Körperkraft an, auch wenn nichts dahinter ist."

„Eine Frage noch", sagte Reisinger zu Al-Afifi. „Besitzt Herr Mehiar oder einer seiner Freunde ein Auto?"

„Keiner von Ahmeds Freunden oder Kollegen besitzt ein Auto", sagte Al-Afifi. „Ich besitze allerdings eines, einen alten Toyota. Meine Eltern sind ein wenig begütert und haben ihn mir geschenkt. Mein Vater ist Polizeioffizier in Kairo und meine Mutter hat von ihren Eltern einiges geerbt. Ich", fügte er hinzu, „könnte natürlich auch in Kairo Medizin studieren, mache das aber lieber hier in Wien, weil die Wiener Medizinische Schule ja geradezu berühmt ist. Viele reiche Leute aus dem arabischen Raum lassen sich deswegen ja von Wiener Ärzten behandeln, weil einige von denen einen außergewöhnlichen Ruf besitzen."

Trautmann und Reisinger bedankten sich und verließen das Haus. Wenn sich nichts anderes ergab, wollten sie am frühen Abend zu der U-Bahn-Station in Simmering fahren, an der Mehiar Zeitungen verkaufte.

10

Trautmann und Reisinger kamen gegen 18.00 Uhr zur Station Simmeringer Hauptstraße der U3, wo ein wahres Menschengewühl herrschte. Denn an dieser Station gab es nicht nur die U-Bahn, sondern auch einige Straßenbahn- und Buslinien, die um diese Zeit eine große Anzahl Fahrgäste beförderten, die teilweise hier zuhause waren oder in eine andere Linie umstiegen. Es gab auch einige gut besuchte Supermärkte und eine Würstelbude, vor der sich Kunden drängten, sowie einen kleinen Stand mit Strohblumen und winzigen Mooskränzen und -gebinden.

Etwa hundert Meter von diesem Stand entfernt bot ein älterer Zeitungsverkäufer Tageszeitungen und allerhand unterklassige Illustrierte an, die über gesellschaftliche Ereignisse berichteten, über, wie Trautmann meinte, das Liebesleben, Scheidungen und sonstigen Scheiß von großen und mittleren Arschlöchern.

Er dachte bei sich, dass viele kleine Leute diese Magazine deshalb lasen, weil sie, wenn sie schon nicht dazugehörten, etwas von der sogenannten großen Welt erhaschen wollten.

Direkt bei der Station standen ein sehr junger, heruntergekommen und high wirkender Bursche und ein gut aussehender, etwas älterer adretter junger Mann, der ebenfalls Tageszeitungen, die auf dem Boden aufgestapelt waren, verkaufte.

„Das muss der Mehiar sein", sagte Trautmann zur Reisinger. „Den werden wir uns jetzt ein bissl zur Brust nehmen."

Sie gingen zu dem Zeitungsverkäufer. Trautmann zeigte ihm seinen Ausweis und die Kokarde. „Ich bin die Polizei. Und du, nehm ich an, bist der Ahmed Mehiar."

„Ja. Aber was will die Polizei von mir", antwortete Mehiar in gutem Deutsch. „Ich stehe hier und verkaufe Zeitungen, was ja erlaubt ist. Das wissen Ihre Kollegen vom Enkplatz, denen ich täglich, außer Sonntag, Gratiszeitungen bringe. Unerlaubtes habe ich nicht getan."

„Das wird sich noch herausstellen. Also, vergiss jetzt einmal deine Zeitungen. Die wird, während wir zwei miteinander reden, meine Kollegin für dich verkaufen. Wer eine will, soll sich eine nehmen, und meine Kollegin wird statt dir kassieren und dir dann das Geld geben. Wir zwei werden jetzt ein bissl miteinander plaudern, okay?"

Trautmann zog Mehiar ein paar Schritte abseits. Er holte das Foto der Prücklmayer hervor, hielt es Mehiar hin und fragte: „Kennst du diese Frau?"

„Ja. Oder besser, ich habe sie gekannt. Das ist etwa sechs Monate her. Und ich weiß aus Fernsehen, Radio und Zeitungen, dass sie ermordet worden ist."

„Aha. Aber nicht von dir. Oder?"

„Aber, um Allahs Willen, nein!"

„Na gut. Aber du hast sie vor einem halben Jahr gekannt, sagst du. Wie war diese Bekanntschaft? Warst du mit der Frau im Bett?"

„Aber nein! Sicher nicht. Ich habe ja bis zu den Zeitungsberichten nicht einmal gewusst, wie sie heißt und wo sie wohnt", erklärte Mehiar. „Sie hat manchmal bei mir eine Zeitung gekauft und mit mir, wenn es der Verkauf erlaubt hat, ein bisschen geredet."

„Aha. Geredet. Und über was?"

„Was Menschen halt so miteinander reden, wenn es sich ergibt. Sie hat wissen wollen, von woher ich komme, und dann, als ich es ihr gesagt habe, gefragt, ob es bei mir zuhause, in Jordanien, auch einen Krieg wie zwischen den Palästinensern und den Israelis gibt. Und warum ich so weit weg von zuhaus in Wien Zeitungen verkaufe."

„Aha", meinte Trautmann und fragte dann nochmals: „Das war wirklich alles? Wir haben aber erfahren, dass zwischen euch mehr als wie nur Plaudern war."

„Nein, bitte", sagte Mehiar. Wurde dann ein wenig rot und setzte nach einer Pause hinzu: „Es ... Aber das wollte die Frau! Sie! Nicht ich!"

„Was hat sie denn wollen?"

„Sie ... Diese Frau hat mich gefragt, wo ich wohne und ob allein. Und ob ich eine Freundin hätte. Ich hab ihr gesagt, ich wohne mit anderen Männern in der Brunnengasse. Und Freundin hätte ich keine, aber eine Verlobte in Amman, die ich heiraten werde, wenn ich hier genug gespart habe. Da hat sie gesagt, dass es ungesund und schlecht für einen jungen Mann wie mich ist, wenn er keine Frau bei der Hand hat. Und dann hat sie was gesagt, was ich nicht verstanden hab. ‚Außeschwitzen' kannst es aber auch nicht. Dann hat sie mich angelacht und gefragt, ob ich nicht ihr Freund sein möchte, weil sie derzeit keinen Mann, aber große Bedürfnisse hat. Da hab ich dann verstanden, was sie wollte, und abgelehnt. Ja, abgelehnt. Denn ich bin gläubiger Moslem und meiner Verlobten so treu wie sie mir und wie sich das gehört."

„Ganz so treu wirst du schon nicht sein", grinste Trautmann. „Welcher Mann ist das schon. Außerdem bist du mit einer großen, schlanken Blondine gesehen worden, die älter als du war und nicht jordanisch ausgeschaut hat."

Mehiar schluckte kurz und sagte dann: „Das kann nicht ich gewesen sein, bitte. Ich bin natürlich treu, weil ich nicht in der Hölle landen möchte. Wir Muslime könnten zwar mehrere Frauen haben, aber das dürfen keine Ungläubigen sein. Und diese Frau war nicht nur eine Ungläubige. Sie wäre auch zu alt für mich gewesen. Diese Frau hätte ja meine Mutter sein können."

„Das versteh ich", sagte Trautmann. „Wer geht schon mit seiner Mutter ins Bett. Na, okay, manche tun es schon. Ich hätt jetzt noch eine Frage. Hast du ein Auto oder kennst du einen, der dir ein Auto borgen kann?"

„Ich habe nur ein Moped und kein Auto. Ich kenne auch keinen, der mir seines leihen würde. Vielleicht würde mir der Al-Afifi, der in meinem Haus wohnt, seinen Toyota borgen, aber das würde nichts nützen, weil ich ja keinen Führerschein habe. Und wo sollte ich denn mit einem Auto hinfahren? Ich habe ja ein Moped."

„Eben. Nächste Frage: Du hast diese Frau also seit einem halben Jahr nicht mehr gesehen?"

„Nein. Sie ist nach diesem Gespräch über ihre Bedürfnisse und das ‚Ausschwitzen' nicht mehr um ihre Zeitung gekommen."

„Na, okay. Letzte Frage: Wo bist du überall am 7. und 8. Jänner dieses Jahres gewesen? Das ist ja erst ein paar Wochen her. Daran wirst du dich doch noch erinnern …"

„Welche Wochentage waren das, bitte? Wenn einer davon ein Sonntag war, dann bin ich nicht hier gewesen. Am Sonntag werden ja von uns keine Zeitungen verkauft. Die gibt es dann an den Ständern."

„Der 7. war ein Freitag und der 8. ein Samstag."

„Dann war ich hier und habe Zeitungen verkauft."

Mehiar zeigte auf den etwas entfernt stehenden Zeitungsverkäufer. „Das wird Ihnen der Ali dort bestätigen. Wir sind ja außer am Sonntag immer da. Ich bin, weil der 7. ein Freitag war, aber etwas früher als sonst gegangen, denn am Abend war ich in unserem Gebetsraum in der Hippgasse, bis spät in die Nacht. Am Vormittag war ich am Brunnenmarkt einkaufen. Woanders gehe ich ja nicht hin, weil ich mein Geld spare."

Und stolz: „Ich habe schon fast dreitausend Euro auf der Bank."

„Brav. Na, und das war es auch schon. Vorläufig. Wir werden uns bei deinen Leuten im Gebetsraum umhören, ob die dich dort gesehen haben. Halt! Eine Frage hab ich noch. Das ist aber dann wirklich die letzte. Gibt es vielleicht einen, der dir was Schlechtes anhängen will, weil er einen Zorn auf dich hat? Der uns deshalb gesagt hat, dass du die Prücklmayer umgebracht und zerstückelt hast?"

„Nein! Wer sollte denn so etwas über mich sagen? Der müsste ja nicht richtig im Kopf sein! Nein. Alle, die mich kennen, sind meine Freunde und wissen, dass ich gesetzestreu bin und so etwas nie machen könnte."

Trautmann grinste und sagte beruhigend. „Dann ist es ja gut. Alles okay, Ahmed. Alles paletti. Wir sind halt übervorsichtig und müssen uns nach allen möglichen, und auch unmöglichen, Seiten hin, auch den Vorgesetzten gegenüber, absichern. Aus dem Grund musst du heut noch irgendwann in das Stadtpolizeikommando am Enkplatz gehen und dir dort deine Fingerabdrücke und einen Mundabstrich für eine DNA abnehmen lassen. Ich werde die Kollegen dort verständigen, damit die wissen, um was es geht, und dich dort erkennungsdienstlich behandeln. Dann werden wir weitersehen. Aber wenn das stimmt, was du gesagt hast, wird das eh nur ein Schuss in den Ofen sein. Wenn du aber nicht auf den Enkplatz gehst, kann es für dich eng werden. Dann schneiden wir dir die Haar."

„Was meint ein Schuss in den Ofen? Und warum wollen Sie mir die Haare schneiden, bitte?"

„Das sind nur so Redensarten", grinste Trautmann. „Ein Schuss in den Ofen", erklärte er, „heißt, dass was unnötig ist. Und die Haare schneiden meint, dass man einen ein bissl härter anpackt. Vergiss das."

Er grinste Mehiar freundlich an und sagte: „So, und jetzt kannst schon wieder deine Kasblattln verkaufen."

Mehiar ging zur Reisinger und die übergab ihm das von ihr eingenommene Geld für die Zeitungen.

Dann ging sie mit Trautmann zu ihrem in einer Seitengasse abgestellten Pkw. Sie stellten fest, dass irgendwer, der offensichtlich kein Freund der Polizei war, die auf dem Armaturenbrett abgelegte Dienstmappe, welche den Pkw als ein Polizeifahrzeug des LKA – Ast Zentrum/Ost auswies, bemerkt haben musste. Er hatte mit Fettstift BULLEN-SCHWEINE auf das Fenster der Beifahrerseite geschmiert.

Manuela Reisinger ärgerte sich, aber Trautmann nahm das gelassen hin.

„Was regst dich denn auf, Mani? Wir sind in Simmering und nicht in Döbling, und da gibt es halt haufenweise Wichser, die uns nicht wollen und deshalb so was machen. Tausend Schas drauf."

Er holte aus dem Handschuhfach eine Flasche „Blitzblank", besprühte die Schrift und entfernte sie. Reinigte, weil es in einem ging, gleich die ganze vor Schmutz fast wie getönt wirkende Windschutzscheibe und dachte, dass sein Schrotthaufen jetzt beinahe wie neu aussah.

Dann setzten sie sich ins Auto. Reisinger schnallte sich an. Trautmann ignorierte wie immer den Sicherheitsgurt, rollte sich eine Zigarette, zündete sie an, kurbelte dann sein Seitenfenster herunter und paffte, wobei er sich bemühte, den Rauch aus dem Fenster oder zumindest nicht in Richtung Manuela Reisingers zu blasen.

Trautmann startete den Motor, sagte sich, dass sie wahrscheinlich wieder einmal leere Kilometer gemacht hatten, legte den ersten Gang ein und fuhr zügig davon. Er freute sich auf die Leberkässemmeln vom Brunnenmarkt, die gut verpackt auf dem Rücksitz lagen und die er sich im Koat zu Gemüte führen würde, nachdem er seinem Oberst über Mehiar Bericht erstattet hatte.

Nach einigen Tagen stellte sich heraus, dass Mehiars DNA nicht mit der DNA, die am Körper der Prücklmayer festgestellt worden war, übereinstimmte. Seine Fingerabdrücke und seine DNA waren auch in keiner Datei zu finden.

Die Befragung seiner Glaubensbrüder hatte ergeben, dass er am fraglichen Freitag tatsächlich fast bis zum Morgengrauen im Betraum gewesen war. Die meisten waren nach Abschluss des Ritualgebets noch in einem Nebenraum zusammengesessen, hatten Tee getrunken, geraucht und sich das Fußballspiel Fenerbahçe gegen Arsenal angesehen, bei dem die türkische Mannschaft die englische mit 3:1 abgefertigt hatte. Natürlich war die Freude darüber groß gewesen. Politisiert war danach, wie alle Befragten übereinstimmend sagten, nicht geworden, weil der Betraum ja ein Ort des Friedens und der Bruderliebe und nicht des Hasses war.

11

Die kleine niederösterreichische Stadt Klosterneuburg nah bei Wien besitzt außer dem Augustiner Chorherrenstift mit dem weltberühmten Altar, den Nikolaus von Verdun im Jahr 1181 geschaffen hat, und einer bedeutenden wuchtigen Stiftskirche ein Strandbad, das an einem Seitenarm der Donau gelegen ist. Dort gibt es neben den üblichen Anlagen wie Bassins und Liegewiesen zwei Restaurants und einen Laden mit Lebensmitteln, Getränken und Badeutensilien. In einem Teil des Bades stehen kleine Häuser, die sich in Privatbesitz befinden, während der Grund, auf dem sie errichtet wurden, dem Stift gehört.

Diese Häuser oder auch nur Häuschen besitzen alle einen größeren oder kleineren Garten, der meist liebevoll bepflanzt und mit Blumen und Gartenzwergen ausgestattet wurde. Die Häuser sind nicht an die Kanalisation angeschlossen und haben daher regelmäßig zu entleerende Senkgruben. Sie können theoretisch ganzjährig bewohnt werden, was aber kaum der Fall ist, weil es sich eben um Sommerhäuser in einem Bad handelt.

Die Haus- und Gartenbesitzer finden sich zum Großteil bereits Anfang April ein, um Renovierungsarbeiten und Rasenpflege zu betreiben, und kehren erst Mitte September in ihre Stadtwohnungen zurück.

Am 14. April herrschte schon reges Leben im Strandbad. Es wurde gesägt und gehämmert, die Fassaden wurden frisch angemalt und die Rasenflächen für den Sommer instand gesetzt. Nach Meinung der jeweiligen Besitzer natürlich besser und schöner als die des Nachbarn. Zum Teil wurden auch schon Gartenmöbel aufgestellt.

Die Familie Irsigler hatte ein hübsches Häuschen am Rande der Au, deren üppiger Bewuchs aber bereits das Drahtgitter an der Rückseite des Hauses zu devastieren drohte und ihrer, wie die Irsigler sagten, „Sommerresidenz" großen Schaden zufügen würde.

Also schnappte sich Herr Irsigler, ein noch rüstiger Pensionist, am Vormittag eine Leiter sowie die fast einen halben Meter messende Gartenschere und seine Sense, um das Augestrüpp radikal zurückzustutzen, weil er nicht neben einem Urwald mit abgefallenen morschen Ästen und verrotteten Blättern wohnen wollte.

Wenn er, wie es seine Absicht war, zügig arbeitete, würde er sicher noch vor dem Mittagessen, das jeden Tag pünktlich zu den TV-Nachrichten um 13.00 Uhr auf den Tisch kam, fertig sein. Er warf Leiter, Schere und Sense über den Zaun und ging, weil er den Zaun nicht zu übersteigen vermochte, aus dem Badegelände und in den Auwald hinter seinem Haus. Hatte nach mehrstündiger schweißtreibender Arbeit bereits einen Großteil des Gestrüpps gerodet und weit weg von seinem Zaun zu einem Haufen aufgeschichtet und ging nun daran, auch dem Rest zu Leibe zu rücken.

Doch dabei machte er einen Fund, der sein ohnehin schwaches Herz beinahe zum Zerspringen brachte.

Es handelte sich um einen bereits verwesten, von Tieren angefressenen Kopf mit Haarresten. Der untere Teil des Kopfes und die in den Kiefern steckenden Zähne waren aber noch zur Gänze vorhanden.

Irsigler stand zunächst wie erstarrt da, nahm dann sein Handy und rief seine Frau an, die sich im Haus aufhielt.

„Ich hab einen halberten Schädel von einem Menschen gefunden, Mali! Mitten im Gebüsch von der Au! Keine drei Meter von unserem Zaun weg. Du musst sofort die Polizei anrufen und das melden. Auf der Stelle! Ich bleib derweil, obwohl mir graust, bei dem Schädel und warte auf die Polizei. Oder", verbesserte er sich, „ich stell mich auf die Straße, damit mich die Polizisten finden. Alles andere erzähl ich dir, wenn ich wieder da bin. Aber reg dich, bitte, ja nicht auf, Mali! Es genügt ja schon, dass ich glaub, ich fall in der nächsten Sekunde um."

Dann sagte er mit Nachdruck: „Die Leut in der Badeverwaltung ruf aber nicht an! Und die Nachbarn, was schon da sind, denen sag auch nichts. Die machen sich nur wichtig, und dann liegt der Schädel ja auch gar nicht im Bad. Außerdem hab ihn ja ich gefunden, darum ist er auch meine Sache und die der Polizei und von niemandem sonst!"

Irsigler steckte das Handy wieder ein, holte einen in der Seitentasche aufbewahrten Stumpen und Streichhölzer hervor und rauchte den Stumpen an. Dann ging er – sein Herz schlug noch immer schnell – zur Straße vor, die sich an der Au und dem Haus der Klosterneuburger Schützengemeinschaft vorbei an der Bahntrasse entlang zu dem etwa zwei

Kilometer entfernt liegenden Parkplatz am Rand Klosterneuburgs hinzog.

Irsigler war enttäuscht, als statt einer Kavalkade von Polizeifahrzeugen mit Blaulicht und Horn nur ein Streifenwagen sang- und klanglos herankam, in dem der Irsigler bekannte Postenkommandant Haselbrunner saß.

Als ihm Irsigler berichten wollte, sagte der kurz vor seiner Pensionierung stehende Postenkommandant: „Nur die Ruhe, das kannst mir alles erzählen, wenn wir bei dem angeblichen Schädel sind, was du gefunden hast, Irsigler. Weil, wenn es wirklich ein menschlicher Schädel ohne Fleisch ist, ist es nur mehr ein Trumm Knochen, dem nicht mehr zu helfen ist. Aber man muss das mit Ruhe und Umsicht angehen und darf keine Spuren verwischen."

„Aber", stieß Irsigler hervor, „da ist vielleicht ein Mord passiert und einer hat den Schädel hierher und den Rest von dem Toten woanders hingeschmissen! Da muss sofort die ganze Au durchsucht werden, Haselbrunner! Im Fernsehen zeigen sie doch immer, dass ..."

„Sofort muss man aufs Häusl gehen, wenn man Durchfall hat, Irsigler. Bei allem anderen kann man sich Zeit lassen. Und in dem depperten Fernsehen zeigen sie viel, und das meiste davon ist ein Blödsinn und stimmt nicht. Besonders die Krimis, von denen sie gleich ein paar am Tag zeigen, gehören statt ins Fernsehen auf den Mond geschossen. Für mich altgedienten Polizeikommandanten gilt immer die Regel Nr. 1: nur keine irdische Hast. Erst schauen, dann nachdenken und erst dann was machen. Also gehen wir zuerst und schauen, was wirklich los ist."

Die beiden gingen zum Fundort. Haselbrunner schaute sich den vorhandenen Teil des Schädels an und brummte zu Irsigler: „Das ist tatsächlich ein menschlicher Schädel. Wenn es da noch Spuren gegeben hat, so hast du sie durch deine Hacklerei sowieso vernichtet, und gestern und vorgestern hat's auch wie aus Schaffeln geschüttet. Da sind alle Spuren, wenn's welche gegeben hat, davongeschwommen. Auf der anderen Seite weiß vorläufig keiner, wie lang der Schädel schon da liegt. Ist aber eh wurscht, nachdem schon alle möglichen Viecher an ihm herumgefressen haben. Ich werd aber jedenfalls anrufen. Da muss wer von meine Leut her und die Fundstelle sichern. Ich und du bleiben nur da, bis die Kollegen vom Posten und dann die Fachleute kommen."

Haselbrunner informierte über Funk zunächst sein Postenkommando, dann das Stadtpolizeikommando und, weil es gleich in einem ging, auch das Landeskriminalamt Niederösterreich, die alle mit der Sache zu tun haben würden.

Dann erinnerte er sich vage daran, dass kurz nach Neujahr in Wien die zerstückelte Leiche einer Frau, aber ohne dazugehörigen Kopf, gefunden worden war. Es bestand also durchaus die Möglichkeit, dass Irsiglers Fund der vermisste Schädel war.

Menschliche Köpfe lagen ja normalerweise nicht überall herum. Wenn das aber der Kopf war, der bisher den Wienern gefehlt hatte, war die Geschichte um eine Nummer zu groß für einen Landgendarmen.

Haselbrunner war zwar seit einer der vielen Polizeireformen kein Gendarm mehr, sondern Polizist, weil die oberen Besserwisser die Gendarmerie mir nichts, dir nichts abgeschafft hatten und jetzt alles nur mehr Polizei war. Er fühlte sich aber durch seine jahrzehntelange Dienstzeit als Gendarm noch immer als solcher.

Geändert hatte sich dadurch für ihn nicht viel – er hatte nur eine neue Uniform –, aber zumindest hatte diese Reform mit sich gebracht, dass jetzt nicht wenige aus der Gendarmerie kommende höhere Beamte die ranghohen Stellen von ehemaligen Polizisten einnahmen und den Kollegen jetzt zeigten, wo Barthel den Most holte.

Haselbrunner war noch vom alten, von der Zeit längst überholten Schlag und im Exekutivdienst an Männergesellschaft gewöhnt, sodass er von den immer zahlreicher werdenden Kolleginnen keine besonders gute Meinung hatte. Er wusste zwar, und sah es ein, dass Frauen in den meisten Berufen so gut wie Männer waren, aber Polizistinnen hätten sie seiner Meinung nach nicht unbedingt werden müssen. Aber nach seiner Meinung fragte ja keiner. Die Oberen wussten ja immer alles besser.

12

Nach der Meldung Haselbrunners begann der Polizeiapparat zu arbeiten.

Zunächst erschienen am Fundort eine Tatortgruppe des Klosterneuburger Stadtpolizeikommandos und drei Kriminalbeamte, der Stadtkommandant – und überflüssigerweise auch der zuständige Polizeiarzt, denn hier brauchte es keinen gewöhnlichen Dr. med., sondern, wenn überhaupt, einen Forensiker.

Weil der Fund des Kopfes fast sicher eine bundesländerübergreifende Sache war, trafen eine knappe halbe Stunde später ein Forensiker der Wiener Gerichtsmedizin, ein Oberstleutnant des LKA Niederösterreich und von der Ast Zentrum/Ost Oberst Sporrer und Chefinspektor Trautmann im Auwald ein. Etwas später erschien auch Oberst Dr. Kotzmann vom Wiener LKA.

Eine Handvoll Polizistinnen und Polizisten aus Klosterneuburg riegelte, so gut es ging, den betreffenden, bereits durch die üblichen Bänder gekennzeichneten Auabschnitt ab. Denn manche Anrainer hatten die heranfahrenden Polizeiautos bemerkt und wollten nun unbedingt erfahren, worum es bei dieser Auffahrt ging. Und natürlich waren auch ein Team des ORF Niederösterreich, Fotografen und nach einer Sensation lechzende Journalisten einer niederösterreichischen und zweier Wiener Zeitungen gekommen.

Die Fotografen machten Aufnahmen von Polizei und Auwald. Der Beamte aus dem Wiener LKA und sein niederösterreichischer Kollege erlaubten aber keine Aufnahmen des gefundenen Kopfes. Die Journalisten versuchten, zumindest von irgendeinem Polizisten ein Interview zu bekommen, scheiterten aber, weil jeder der befragten Polizisten sie an die Leiter der Amtshandlung aus den Landeskriminalämtern Wien und Niederösterreich verwies. Diese hatten für die Journalisten nur ein unfreundliches, automatenhaftes „No comment" und vertrösteten sie auf eine zu erwartende Pressekonferenz.

Trautmann verhielt sich ein bisschen freundlicher.

„Eure ganze Fragerei bringt nichts, Burschen. Weil ihr ja alle *Gfrastsackln* seid und verbotenerweise unseren Funk abhört, wisst ihr ja eh, dass ein Schädel gefunden worden ist. Von wem er ist, wissen wir noch nicht. Überhaupt wissen wir vorläufig nur, dass den Kopf ein gewisser Irsigler gefunden hat, der drinnen im Bad eine Hütten hat. Also löcherts und fotografierts den, damit ihr nicht mit leeren Händen nach Haus kommts."

Die Medienleute hasteten, über die Unfreundlichkeit und Medienfeindlichkeit der Polizeioffiziere murrend, aus der Au und zu ihren Autos. Fuhren zum Eingang des Strandbads und stürzten sich drinnen auf das Ehepaar Irsigler und einige Leute, die auch Häuser an der Grenze zum Auwald hatten.

Frau Irsigler und Nachbarn aus den umliegenden Häusern konnten im Grunde gar nichts zu dem Schädelfund sagen, aber Herr Irsigler, der sein Leben lang von niemand beachtet worden war und von seiner Frau längst nur mehr am Rande wahrgenommen wurde, redete wie ein Wasserfall und ließ sich gerne dabei von allen Seiten fotografieren. Er erzählte, sich oft wiederholend, warum und mit welchen Werkzeugen er in die Au gegangen war und wie er bei seiner Arbeit, „den Urwald zu lichten", den skelettierten Schädel gefunden hatte.

„Die Gemeinde Klosterneuburg und das Stift", klagte er an, „machen nichts mit dem Auwald. Die machen ja nicht einmal nichts! Wenn es nach denen gehen tät, könnt unser ganzes schönes Bad zuwachsen und ein Urwald werden. Hauptsache, wir Depperten zahlen für den Grund, auf dem unsere Residenzen stehen, jedes Jahr einen Haufen Geld! Aber um das geht es jetzt ja nicht. Es geht um den Schädel, meine Damen und Herren! Der ist ja das Corpus Delicti! Jedenfalls, wie ich schon mit der Arbeit fast fertig war und den Schädel gefunden hab, hab ich glaubt, ich krieg wieder einen Herzinfarkt, obwohl ich eh schon zwei Bypässe hab. Und ..."

Während Irsigler redete und redete, versorgte in der Au der Gerichtsmediziner die Reste des Schädels, beendeten die Tatortleute ihre Arbeit und fuhren dann wie die Klosterneuburger Polizisten und der Polizeiarzt ab.

Wenig später verließen auch die Zuständigen des LKA Niederösterreich und des LKA Wien, der Klosterneuburger Stadtpolizeikommandant sowie Oberst Sporrer und Trautmann das Gelände. Sie fuhren in ein Lokal nahe dem Stadtplatz, das als ausgesprochenes Polizeibeisl bekannt war, um dort, wenn auch verspätet, etwas Gutes zu Mittag zu essen.

Danach gab es im Auwald nur mehr mit Farbe gekennzeichnete Stellen, die von den Tatortleuten aber mehr aus Pflichtbewusstsein und wegen der Fotos als zur Wahrheitsfindung markiert worden waren. Denn nach dem regen- und schneereichen Winter und dem eher nasskalten Frühling hatten sich außer vielen Fußabdrücken Irsiglers und denen der Polizisten keine verwertbaren Spuren gefunden. Es war vorläufig auch nicht zu ermitteln, ob die fehlenden Teile des Schädels schon bei dessen Ablegen nicht mehr vorhanden gewesen waren oder ihr Fehlen auf wildernde Tiere zurückzuführen war. Wenn überhaupt, konnte das nur von den Forensikern festgestellt werden. Aufs Geratewohl unter abgefallenen Ästen oder im Laub herumzustochern, das hätten vielleicht Anfänger gemacht, nicht aber erfahrene Tatortleute.

Sporrer, Trautmann und die anderen drei aßen im Polizeibeisl dessen berühmtes Beuschel mit Knödel und tranken slowakisches Bier dazu. Sie kamen überein, die notwendigen Meldungen zu schreiben, im Übrigen aber das Ergebnis der Forensik abzuwarten. Denn ins Blaue hinein zu agieren, nur damit man was machte, hatte wenig bis gar keinen Sinn.

Trautmann sagte zu seinen Kollegen fast wortwörtlich das, was vor ein paar Stunden schon der Klosterneuburger Postenkommandant zu Irsigler gesagt hatte: „Wir schauen uns die Geschichte jetzt einmal in aller Ruhe an,

Burschen. Weil durch ein Hudeln macht man Kinder, aber keine zielführenden Ermittlungen. Und Fälle löst man schon gar keine. Also zahlen wir jetzt und gehen, bleiben aber in Verbindung. Okay?"

Zwei Wochen nach dem Schädelfund standen die Ergebnisse der gerichtsmedizinischen Untersuchungen fest.

Die Forensiker hatten nachgewiesen, dass die DNA-Proben, die aus den Leichenteilen entnommen worden waren, mit der DNA des in der Klosterneuburger Au aufgefundenen Kopfes vollkommen übereinstimmten.

Und ein Vergleich der noch vorhandenen Zähne mit Röntgenaufnahmen des Gebisses von Rosa Prücklmayer, die vor sieben Monaten in einer Zahnambulanz gemacht worden waren, brachten eine weitere Bestätigung.

Was jetzt ein unvollständiger Schädel war, war mit Sicherheit früher der Kopf der Rosa Prücklmayer gewesen. Dass Teile des Schädels bei dessen Auffindung nicht mehr vorhanden gewesen waren, ließ sich eindeutig darauf zurückführen, dass ihn Tiere angefressen hatten. Jedenfalls stammten die Biss- und Nagestellen eindeutig von großen Vögeln, wie etwa Krähen, oder von aasfressenden kleinen Tieren, die es natürlich auch in einem Auwald gab.

13

Einen Tag später saßen die Gruppe Trautmann und Oberst Sporrer im Kommissariat und fassten die Ergebnisse der bisher erfolgten Untersuchungen am in der Au gefundenen Schädel zusammen.

„Dass der Schädel aus der Au in Klosterneuburg der von der Rosa Prücklmayer ist, wissen wir nun", sinnierte Trautmann. „Was wir aber noch nicht wissen, ist, wer die Frau wo ermordet und dann zerstückelt hat."

„In ihrer Wohnung jedenfalls nicht", sagte Manuela Reisinger. „Die war sauber wie nur was."

Sporrer nickte. „Genau. Es sind dort null Spuren von Blut, keine Hautfetzen oder Knochenstückchen entdeckt worden."

„Die Prücklmayer ist nicht in ihrer Wohnung, sondern woanders *gemacht* worden", stimmte Trautmann seinem Chef zu.

„Aber", wandte Dolezal ein, „wenn der Täter die Frau zuerst erdrosselt und erst nach einer Weile, wie das Blut schon gestockt war, zerlegt hat, dann wird es kaum Blut gegeben haben, das der Täter hätte wegmachen müssen."

Trautmann ging zur Kaffeemaschine, schaltete sie ein, rollte sich eine Zigarette, zündete sie an und sagte, mehr zur Kaffeemaschine als zu seinen Kollegen: „Irgendwie hat diese Geschichte bis jetzt keinen Arsch und keinen Kopf. Bis auf das, dass wir sozusagen jetzt die ganze Frau haben, passt hinten und vorn nichts zusammen. Eingebrochen ist bei ihr jedenfalls nicht worden, also muss sie ihren Mörder entweder selber reingelassen haben oder der hat auch einen Schlüssel gehabt. Wenn er die Frau in der Wohnung gemacht hat, hätt er jedenfalls einen Schlüssel für das Stiegentor und das Haustor aus Metallstäben gebraucht. Aufsperren hat er ja zumindest zwei Mal müssen, wie er mit den Säcken hinausgegangen ist. Die drei Säcke hätte er ja nicht auf einmal tragen können."

Der Kaffee zischte in die Schalen und Trautmann setzte fort: "Das ist das eine. Was wäre aber, wenn er die Frau irgendwo auf der Gasse sozusagen aufgeklaubt hat oder mit ihr im Auto, als sie noch lebte, von ihr zuhaus an einen Ort gefahren ist, wo er sie dann erdrosselt und zerlegt hat?"

"Das wär auch eine Möglichkeit", sagte Reisinger.

"Auf jeden Fall, Mani. Aber, warum hat er den Rumpf und die Gliedmaßen eingesackelt und in die Nemelkagasse, den Kopf aber in die Klosterneuburger Au gebracht? Das ergibt doch keinen Sinn, oder?"

"Vielleicht, damit wir uns mit der Identifizierung der Leichenteile schwertun", sagte Dolezal, verbesserte sich aber gleich wieder: "Da hätte er aber auch was mit den Händen der Frau machen müssen – wegen der Fingerabdrücke."

Manuela Reisinger ging ebenfalls zur Kaffeemaschine, ließ aber nur heißes Wasser in ihre Schale mit zwei Teebeutelchen laufen. Schnüffelte empört und sagte zu Trautmann: "Wennst uns schon die Lungen zuraucht, könntest wenigstens deinen Aschenbecher einmal ausleeren. Der stinkt wie die Pest."

„Der stinkt überhaupt nicht, Kinderl. Du musst was mit der Nase oder Geruchshalluzinationen haben. Mein Aschenbecher ist absolut geruchlos. Oder, wenn er nach was riecht, dann wie mein Tabak nach Feigen und Mandeln und einer Spur Vanille."

Reisinger kam mit ihrer Teeschale zum Tisch und sagte: „Du hast auch was. Aber nicht in der Nase. Du hast durch das Kettenrauchen schon deine Nase ruiniert und sehen tust auch nichts. In dem Zimmer ist ja vor lauter Rauch ein Nebel wie am Mount Everest. Jetzt gehst und leerst auf der Stelle deinen Stinkbecher aus! Aber nicht in einen Papierkorb, sondern ins Klosett!"

Trautmann zog ein Gesicht und ging mit dem Aschenbecher aus dem Zimmer.

Als er wieder zurückkam, sagte er, allerdings mehr zu sich selbst: „Was wir bis jetzt überhaupt nicht haben, ist ein Tatmotiv. Wenn einer eine Frau zuerst *abmaxelt* und dann zerstückelt, denkt er sich doch was dabei. Da muss er doch einen Grund dafür haben."

„Den wir aber nicht kennen", sagte Reisinger. „Und vielleicht nie erfahren werden, wenn wir den Täter nicht kriegen. Dabei haben wir halb Wien wegen der Prücklmayer befragt, aber niemand hat was gewusst."

Lassinger nickte. „Und wir haben auch haufenweise ausländische Zeitungsverkäufer *ausgefratschelt* und denen das Foto der Frau gezeigt. Auch ohne Erfolg."

Trautmann trank einen Schluck Kaffee und brummte: „Der schmeckt heut auch nach nichts." Und lauter: „Keiner von denen hat was gewusst oder sie kennen wollen.

Bis auf den Mehiar, der zugegeben hat, die Prücklmayer gekannt zu haben. Und der hat ausgesagt, dass er sie seit Monaten nicht mehr gesehen hat und bestimmt nie was mit ihr gehabt hat."

Sowohl die Ast Zentrum/Ost wie auch die Landeskriminalämter Wien und Niederösterreich stellten bald im Fall Prücklmayer ihre Ermittlungen ein. Und weil sie nicht an Wunder glaubten, landete der Akt vorderhand oder bis zum Nimmerleinstag in diversen Archiven.

Danach herrschte für die Gruppe Trautmann wieder der Alltag. Es gab einen Mord im Drogenmilieu, aber der stellte kein Problem dar und wurde im Handumdrehen geklärt.

Ein durch den übermäßigen Gebrauch von verfälschtem Heroin bereits grenzdebiler Wiener Süchtiger hatte seinen Lieferanten am Leipziger Platz im 20. Bezirk, unweit der U-Bahn-Station Jägerstraße, durch drei Messerstiche getötet. Er war dabei von Augenzeugen gesehen und erkannt worden. Tatmotiv war die Zahlungsunfähigkeit des Täters. Sein Lieferant, bei dem er bereits Schulden hatte, hatte ihm jeden weiteren Stoff verweigert, was den zwanzigjährigen Heinrich Neumann hatte ausrasten lassen.

Der Mann wurde von Dolezal und Lassinger in der Wohnung seiner Mutter festgenommen und gab sofort zu, den Dealer „aus dem Weg geräumt" zu haben. Er wurde später wegen Mordes nach § 75 StGB – unter Berücksichtigung seiner als erwiesen geltenden verminderten Zurechnungsfähigkeit infolge dauernden massiven Suchtgiftgenusses – zu einer Haftstrafe von zehn Jahren verurteilt und in die Justizanstalt Krems/Stein verbracht.

Alles andere, was bei der Gruppe anfiel, waren Dutzendfälle wie Schlägereien mit Körperverletzung, ein Raub im Prater und ein ungeklärter Überfall auf eine Trafik in der Zirkusgasse im 2. Bezirk.

14

Aber dann gab es eine der manchmal in der Polizeiarbeit vorkommenden Überraschungen und der Akt Rosa Prücklmayer wurde wieder geöffnet.

Denn am 2. Mai meldete sich eine Frau Edeltrude Alsberger, eine sechzigjährige Witwe, die ebenfalls ein Häuschen im Strandbad Klosterneuburg hatte, bei der Klosterneuburger Polizei. Sie gab an, erst jetzt von dem in der Au aufgefundenen Schädel gehört zu haben.

„Ich", sagte sie, „hab davon ja nichts gewusst, weil ich keine Zeitungen lese und auch nicht fernschaue. Ich habe eine große Platten- und Kassettensammlung, alles Opern, und höre mir jeden Tag mit Kopfhörern davon etwas an. Aber wie ich am 1. Mai zur Baderöffnung gekommen bin, haben mir die Leute dort davon erzählt – und auch, dass die Polizei herumgefragt hat, ob wem im heurigen Winter in der Nähe des Bads etwas aufgefallen ist."

„Und", fragte der Postenkommandant, „ist Ihnen etwas aufgefallen?"

„Ja. Weil ich war nämlich Anfang Jänner mit meinem Auto im Bad und hab geschaut, ob in meinem Häusl alles in Ordnung ist oder ob nicht schon wieder, wie schon vor zwei Jahren einmal, eingebrochen worden ist. Es war eh alles in Ordnung und dann bin ich nach Klosterneuburg gefahren, um ein bissl was einzukaufen und zu Mittag zu essen."

„Aha. Und was weiter Frau Alsberger? Was ist Ihnen da aufgefallen?"

„Dass ... Ich war mit meinem Auto so zwischen dem Strandbad und dem Häuserl vom Schützenverein, da ist ein gelbes Auto ziemlich schnell aus der Au gekommen und wär mir bald hineingefahren. In dem ist ein Mann mit Augengläsern gesessen und wie ein Formel-1-Pilot in Richtung Wien davongerast."

„Können Sie diesen Mann beschreiben?"

„Nein, ein Mann war es halt. Jedenfalls kein junger, und eine Brille mit dickem, dunklem Gestell hat er aufgehabt", sagte die Alsberger. „Es ist ja alles ganz schnell gegangen, ich hab mein Auto verrissen und wär bald in den Straßengraben gefahren. Aber eines weiß ich: Das gelbe Auto war ein steinalter VW Passat. Das weiß ich deshalb, weil ich selber nur Passat fahr und es vor fünfzehn oder zwanzig Jahr auch gelbe gegeben hat. Zu denen haben die Leut wegen der Farbe Briefkasterl auf vier Radeln gesagt. Ja, und eines noch", fügte die Frau hinzu: „Der gelbe Passat hat eine Wiener Nummer gehabt. Mit vier oder fünf Ziffern, aber die hab ich wegen der Geschwindigkeit nicht mitbekommen."

Der Postenkommandant bedankte sich und erhob im Wiener Verkehrsamt, dass es nur einen gemeldeten gelben VW Passat, Baujahr 1987, mit der Nummer 26383, gab. Dieser war auf einen Dietmar Schaufler zugelassen. Die Wohnadresse des Mannes lautete 1011 Wien, Kopalgasse 27/14. Das Verkehrsamt schickte auch per Fax eine Kopie des Führerscheinfotos, das einen hageren Mann mit Brille zeigte.

Der Rest war Routinesache. Die Landeskriminalämter Niederösterreich und Wien und die Ast Zentrum/Ost wurden angefaxt. Die Gruppe Trautmann wurde zur weiteren Amtshandlung eingeteilt, weil die Leichenteile der Prücklmayer ja im 11. Bezirk, der zum Rayon dieser Ast gehörte, gefunden worden waren und Schaufler im gleichen Bezirk wohnte.

Am nächsten Tag fuhren Trautmann und Dolezal um 4.30 Uhr in die Kopalgasse und nahmen Schaufler vorläufig fest.

Dietmar Schaufler war zweiundvierzig, lebte allein und war Lehrer an einer Berufsschule für Elektrotechnik im 6. Bezirk. Er brach fast zusammen, ging widerstandslos mit und legte in der Ast sofort ein freiwilliges Geständnis ab.

Er sagte aus, die Prücklmayer in einem Gasthaus in der Favoritner Gudrunstraße kennengelernt zu haben. Dabei habe sie ihm gesagt, wo sie wohne und dass sie „einem kleinen Affärchen" nicht abgeneigt sei. Anschließend seien sie um etwa 23.00 Uhr in seine Wohnung gefahren, wo es zum Geschlechtsverkehr gekommen sei. Allerdings habe er nicht lang durchgehalten und sei zu schnell gekommen. Die Frau habe ihn deswegen ausgelacht und auch gemeint, das würde sie nicht wundern, er sei ja kein richtiger Mann, er habe ja nur ein Bubenzumpferl und sei nichts für eine richtige Frau. Daraufhin sei er in eine derart unkontrollierte Wut geraten, dass er sie mit dem Kabel seiner Nachttischlampe erdrosselt habe.

Natürlich sei er in Panik geraten und habe zuerst nicht gewusst, was er mit der Leiche anfangen solle. Dann sei er auf die Idee gekommen, sie mit seiner Elektrosäge zu zerstückeln, die Teile dann in Säcke zu verpacken und in der Nähe von Rosa Prücklmayers Wohnhaus abzulegen. Das habe er auch getan und nur ihren Kopf vorläufig in seinem Kühlschrank verwahrt, damit die Leichenteile nicht oder nur schwer zu identifizieren seien. Den Kopf habe er nach zwei Tagen in der verfilzten Au beim Klosterneuburger Strandbad abgelegt.

Auf die Frage Sporrers, warum er ausgerechnet die Klosterneuburger Au gewählt habe, sagte Schaufler, dass er die Umgebung Wiens und auch Wien selbst gut kenne und wisse, dass die verwilderte Au in der warmen Jahreszeit kaum und in der kalten überhaupt nicht von Spaziergängern aufgesucht werde. Es gebe ja dort nur Gestrüpp und kahle Bäume und überhaupt nichts Sehenswertes.

Schaufler wurde nach der üblichen Prozedur ins Landesgericht Josefstadt überstellt. Damit war der Fall Prücklmayer für die Polizei erledigt.

15

Am 10. Mai wurde wieder ein Enthaupteter gefunden.

Die dreiundfünfzigjährige Prostituierte Anna Fallnbiegel hatte schon bessere Tage gesehen. Sie schaute älter als dreiundfünfzig aus und war nicht mehr attraktiv genug, um sich mit den viel jüngeren Osthuren messen zu können, die sich jetzt überall an den üblichen Standplätzen breitmachten und auf einen Kunden warteten.

Nachdem es schon gegen halb zwei und kein Geschäft mehr zu erwarten war, verließ Anna Fallnbiegel ihren Platz am Anfang des Wurstelpraters, zwischen Riesenrad und Planetarium. Sie wollte sich nicht länger die geschwollenen Beine in den Bauch stehen und machte sich mit müden, schleppenden Schritten auf den Weg nach Hause, in die dem Praterstern nahe Czerningasse.

Sie passierte den durch ebenso riesige wie sinnlose teure Stahlrohrgestelle, die ein nur dem Konstrukteur und den Stadtvätern bekanntes besonderes Flair vermitteln sollten, verschandelten Platz. Früher, mit dem Tegetthoff-Denkmal in der Mitte und den sieben am Praterstern zusammenlaufenden Straßen, hatte der Platz seinen Namen „Stern" verdient. Jetzt aber fristete das Denkmal, an den Rand des Platzes gerückt, ein unbeachtetes Dasein.

Um diese Zeit war der Praterstern fast menschenleer. Es gab nur einige Betrunkene und die üblichen Unterstandslosen. Die diversen Straßenbahnen und Linienbusse fuhren nicht mehr und die Fress- und Saufbuden in der Umgebung des Platzes sowie sonstigen Geschäfte waren längst geschlossen.

Fallnbiegel winkte der Besatzung eines im Schritttempo fahrenden Streifenwagens zu, ging die Franzensbrückenstraße entlang und bog dann in ihre Gasse ein.

Dort sah sie aus dem etwas zurückgesetzten Eingang ihres Nebenhauses zwei behoste Männerbeine hervorstehen. Sie dachte, dass sich dort einer, weil er vor lauter Besoffenheit nicht mehr hatte weitergehen können, hingelegt hatte, um seinen Rausch auszuschlafen.

Der Mann trug sichtlich teure Halbschuhe und auch seine Hose schaute teuer aus. Als Fallnbiegel näherkam, bemerkte sie, dass es auch eine ziemlich große Blutlache gab.

Sie ging noch näher heran und sah, dass die Beine einem gut gekleideten Mann gehörten, dessen Kopf abgeschlagen neben dem restlichen Körper lag.

Sie prallte entsetzt zurück und erinnerte sich, dass es irgendwann im Herbst, in der Essiggasse im 1. Bezirk, einen Toten gegeben hatte, der ebenfalls geköpft worden war. Damals war es der Polizei nicht gelungen, den Mörder zu ermitteln, obwohl sie mit allen Kräften hinter der Sache hergewesen war.

Die Fallnbiegel hatte erst vor einigen Wochen mit dem ihr bekannten Kiberer Trautmann, der, wenn es drauf ankam, immer seine Hand über sie hielt, über diesen Fall geredet und wusste daher von der vorläufigen Einstellung weiterer Ermittlungen.

„So was", hatte Trautmann in seiner trockenen Art gesagt, „kann halt ab und zu vorkommen, weil wir Polizisten auch nicht allwissend sind und manchmal *durchs Rohr schauen.*"

Die Fallnbiegel zog ihr Handy aus der zerfledderten Handtasche, tippte die 133 ein und gab um 2.06 Uhr an, was sie gesehen hatte. Im Gegensatz zur Anruferin, die den Toten aus der Essiggasse gemeldet hatte, nannte sie jedoch ihren Namen und versprach, so lange bei dem Toten zu warten, bis die Polizei eintreffen würde. Sie rief dann aber auch Trautmann auf seiner Privatnummer an, die sie für alle Fälle in ihrem Handy gespeichert hatte, weil sie wusste, dass für diesen Toten neben anderen auch er und sein Kommissariat in der Leopoldsgasse zuständig waren.

Trautmann, der wieder einmal nicht schlafen konnte, blätterte um diese Zeit, eine Selbstgerollte nach der anderen rauchend und Kaffee trinkend, in den buddhistischen Büchern, um trotz aller Unterschiede zwischen der Schule des Theravada und der des Zen deren Gemeinsamkeiten festzustellen.

Das nach dem Tod Buddhas entstandene Theravada, die „Lehre der Ordensälteren", war methodisch, streng gegliedert und auf Anhieb zu verstehen, während es im viel später in China begründeten Chan, das in Japan zum Zen geworden war, gedanklich drunter und drüber ging. Es war daher nicht so leicht, hinter die wirkliche Aussage der Meister und deren *Koans* zu kommen.

Als Trautmanns Telefon läutete, hob er sofort ab und brummte in den Hörer: „Was für ein Demolierter ruft mich denn jetzt, mitten in der Nacht, an?"

„Ich bin's, Trautmann. Die Annerl, die Fallnbiegel."

„Was gibt's denn, Kinderl? Wo brennt es denn? Hast mit wem *Bröseln*?"

„Nein, aber ich hab eine Leich gefunden!", ratterte Fallnbiegel herunter. „Es ist ein Mann. Der liegt da vor dem Haustor von meinem Nachbarhaus, weißt eh, wo das in der Czerningassen ist. Und dem sein Kopf liegt daneben. Direkt neben ihm, den hat ihm einer abgehaut! Und eine Blutlache gibt es auch, und was für eine! Ich hab eh schon eure Zentrale angerufen, aber dir wollt ich es halt auch sagen, bevor dich deine Leut anrufen."

Trautmann bedankte sich, sagte der Fallnbiegel, dass sie seine Beste sei, zog seine Schuhe und eine leichte, längst verfärbte Jacke an und steckte seine 9-mm-Glock, weil man nie was Genaueres wissen konnte, in den hinteren Hosenbund. Dabei dachte er fieberhaft darüber nach, was der heutige Geköpfte zu bedeuten hatte.

War er das zweite Opfer des bisher unbekannten Täters aus dem Essiggassenmord? Oder hatte dieser Tote mit dem von damals nichts zu tun? Vermutlich doch, denn zwei Mal der gleiche Modus Operandi ... Die Fälle mussten zusammenhängen. So etwas machte kein Trittbrettfahrer.

Und dann stieg in Trautmann die Idee auf, dass der Mörder des Toten in der Czerningasse, wenn es der Teufel wollte, möglicherweise wieder ein Blinder war, der sich nach der Tat in Luft auflöste.

Trautmann dachte aber nicht weiter darüber nach, jetzt würden erst mal die Ermittlungen anlaufen – mit allem, was dazugehörte.

Er überlegte auch kurz, ob er seinen Chef, Oberst Sporrer, anrufen sollte, ließ das aber bleiben, weil den ja sowieso die Kollegen aus dem Schlaf reißen würden. Er setzte sich, obgleich die Czerningasse nur ein paar hundert Meter von seiner Wohnung in der Molkereistraße entfernt war, in sein Auto und fuhr zum Fundort der Leiche.

16

Um 2.30 Uhr war ein großer Teil der Czerningasse durch Scheinwerfer taghell erleuchtet, wimmelte es in der Gasse von Polizisten in Uniform und in Zivil.

Eine Tatortgruppe des Landeskriminalamts samt einem Major, der Chef des für den 2. und 20. Bezirk zuständigen Stadtpolizeikommandos Brigittenau und einige seiner Polizisten, der Bezirksvorsteher der Leopoldstadt und Oberst Sporrer von der Ast Zentrum/Ost standen einander mehr oder weniger gegenseitig im Weg.

Die zahlreichen Fotografen und Journalisten wurden von über die ganze schmale Gasse gespannten Absperrbändern und von Uniformierten zurückgehalten und trotz Schimpftiraden und der Androhung von Beschwerden nicht zum Tat- und Fundort zugelassen – was nach Meinung der Medienleute eine massive Behinderung der Pressefreiheit darstellte, die Folgen haben würde. Denn noch lebe man ja in einem Rechtsstaat und in einer angeblich für alles offenen Stadt und nicht unter einem Willkürregime der Polizei. Es fielen auch Worte wie Büttel und Scheißbullen.

Die Fotografen setzten ihre Teleobjektive ein und knipsten die Polizisten, aber nicht den Toten, der völlig abgeschirmt worden war. Aus den offenen Fenstern der umliegenden Häuser beobachteten durch den Lärm aufgeweckte Neugierige das Tohuwabohu. Und einige verkündeten lautstark die Meinung, dass Wien jetzt tatsächlich eine Art

Chicago geworden sei, wo alle Augenblicke einer ums Leben gebracht werde.

Während die Tatortleute fotografierten und nummerierte Täfelchen aufstellten, war mit dem Toten diesmal nicht der Polizeiarzt, sondern die ebenfalls aus dem Schlaf gerissene Dr. Andrea Zimper von der Gerichtsmedizin beschäftigt.

Aufgrund der Außentemperatur und der Temperatur des Toten, der noch nicht eingetretenen Totenstarre sowie der sich bereits, wenn auch nur schwach, abzeichnenden Totenflecken und des noch nicht ganz getrockneten Bluts stellte Dr. Zimper vorläufig fest, dass der Tod des Mannes vor etwa einer, höchstens eineinviertel Stunden eingetreten sein musste.

Todesursache war natürlich die völlige Abtrennung des Kopfes und die mit ihr gleichzeitig erfolgte Durchtrennung der Wirbelsäule. Aufgrund der dabei entstandenen Spuren meinte Zimper, dass diese Verletzungen durch ein dünnes Schwert oder ein schwertähnliches Tatwerkzeug herbeigeführt worden sein mussten.

„Der Täter", sagte sie, „hat sich bestimmt keines Messers und auch keiner Hacke bedient. Darauf weisen die Schnittflächen am Nacken und Hals eindeutig hin. Genaueres wird erst die Obduktion ergeben. Mit großer Wahrscheinlichkeit ist der tödliche Schlag von vorne, also gegen den Hals, geführt worden."

Trautmann, der sich in dieser Hektik nicht wohlfühlte, hatte sich der abseits stehenden Anna Fallnbiegel angenommen und seinem Oberst gesagt, dass er sich mit der

Frau in ihre Wohnung setzen und sie einmal vorläufig befragen würde. Denn bevor sich die Kollegen wie die Geier auf die bereits entnervte Frau stürzen und sie mit wirrem Durcheinanderfragen nur konfus machen würden, wäre es gescheiter, wenn er sie in aller Ruhe sagen ließe, was sie zu sagen hatte.

„Ich bin da ja eh überzählig, Chef. Die halberte Polizei von Wien ist da und der Rest wird auch noch kommen. Da hat der Trautmann nichts verloren. Wenn mich trotzdem wer braucht, kann er mich ja über das Handy anrufen."

In Fallnbiegels kleiner Wohnung setzten sich die beiden an den Küchentisch. Die Frau kochte Kaffee und Trautmann machte sich daran, für sie beide ein paar seiner schauerlichen Zigaretten zu rollen.

Als sie rauchten und Kaffee tranken, sagte Trautmann: „Also, Annerl, jetzt erzählst mir einmal in aller Ruhe, wie du den Toten gefunden hast. Und ob da irgendwer in der Näh war. Vielleicht ein Blinder oder wer anderer. Lass dir Zeit. Der Tote ist ja eh tot und den Kollegen gehen wir nicht ab. Also, hast du in der Nähe einen Blinden gesehen?"

„Was denn für einen Blinden? Bist du jetzt schon gaga oder was? Um die Zeit ist doch kein Blinder auf der Gasse, hörst! Nicht einmal mit einem Blindenhund. Ich hab gegen eins meinen letzten Herrn gehabt, bin mit dem ins Gebüsch hinter dem Planetarium, und dann hab ich mir denkt, heut kommt eh kein *Gogl* mehr, also Abmarsch,

Annerl. Und dann hab ich am Praterstern ein paar Angesoffene und eine Funkstreife mit Polizisten gesehen, die was direkt aus der Polizeischule kommen sein müssen, so jung wie die waren."

Und nach einer Pause: „Und dann, wie ich in meine Gasse kommen bin, hab ich den Toten gesehen. Das war aber auch schon alles. Logisch hab ich zuerst glaubt, mich trifft der Herzkasperl. Aber dann hab ich mich zusammengerissen und die 133er und dich angerufen und mich geärgert, weil ich Trottelweib nicht schon zwei Stund oder früher nachhaus gangen bin. Dann hätt ich mir den ganzen Scheiß erspart und könnt gemütlich im Bett liegen."

Nach dieser Ansage begann die Fallnbiegel so zu weinen, dass es ihren ganzen Körper durchschüttelte.

Trautmann versuchte sie zu beruhigen, umarmte sie sogar brüderlich, drückte sie an sich und ließ sie erst los, als sie sich wieder halbwegs gefasst hatte.

„Also, Annerl, jetzt leg dich in die Heia und sei brav. Jetzt ist ja eh alles vorbei. Zumindest für dich, Kinderl. Für mich geht's ja jetzt erst los. Du kommst morgen, oder eigentlich ist es ja schon heute, irgendwann in die Leopoldsgasse, damit wir deine Aussage aufnehmen und niederschreiben können. Wann du kommst, ist wurscht. Wenn ich nicht da bin, wird es halt ein Kollege machen. Also baba, bleib brav und sauf dich nicht an."

Dann ging Trautmann aus der Wohnung und wieder zum Nebenhaus, wo eben die Leute vom Leichentransport den Toten und den abgetrennten Kopf erst in einen Leichensack packten und dann in den Blechpyjama, wie man im Jargon den Zinksarg nennt, legten.

Er erfuhr von seinem Oberst, dass in den Taschen des Toten ein Reisepass und ein internationaler Führerschein gefunden worden waren, die ihn als den einundfünfzigjährigen, aus Bukarest stammenden Nicolae Grigorescu auswiesen.

Beraubt war der Mann nicht worden, denn man hatte bei ihm eine dicke Brieftasche mit 80 Schweizer Franken, 720 Euro und Münzen im Wert von 9 Euro gefunden; weiters eine rumänische und eine Schweizer Bankcard, eine Karte des Hotels Meissl in der Weihburggasse im 1. Bezirk und einen kleinen, wahrscheinlich zum Zimmersafe des Hotels gehörenden Schlüssel. Andere Schlüssel waren bei Grigorescu nicht gefunden worden. An seinem linken Handgelenk hatte er eine nicht billige Armbanduhr Marke Longines und eine dicke Goldkette getragen. Diese Gegenstände waren von Sporrer in Plastiksäckchen verwahrt und sichergestellt worden.

„Nicht schwach", resümierte Trautmann. „Wieder ein Ausländer aus dem Osten, der nicht beraubt worden ist. Wieder ein Mann, der mitten in der Nacht geköpft worden ist. Jetzt muss nur noch ein Blinder in der Nähe gewesen sein, dann scheiß ich mich an."

Er rollte sich eine Zigarette, rauchte sie an und bekam einen Hustenanfall. Warf die Zigarette weg und brummte: „Jeder, was raucht, ghört derschossen."

Sporrer lächelte. „Das hast jetzt aber du gesagt." Dann meinte er: „Also, da sind wir, glaub ich, vorläufig einmal fertig. Mit einem Schlaf ist es jetzt eh aus. Ich fahr mit den sichergestellten Sachen ins Koat."

„Und ich", sagte Trautmann, „fahr in dieses Hotel Meissl und schau mich dort ein bissl um. Dort ist der Horky-Kurti jetzt Nachtportier."

„Und wer ist der Horky?"

„Ein alter Haberer von mir. Der war früher ein Fußballprofi, hat aber alles, was er verdient hat, entweder versoffen oder verspielt oder mit Weibern durchgebracht. Ist jetzt voll *abgenegert* und muss jede Nacht in dem gschissenen Hotel hocken und den Nachtportier machen."

17

Die Weihburggasse, in der sich das Hotel Meissl befand, lag in unmittelbarer Nähe der Kärntner Straße und nur ein paar Schritte vom Stephansplatz entfernt. Das Hotel war nur zweistöckig und gehörte längst nicht mehr der Familie Meissl, sondern einem rumänisch-österreichischen Konsortium, in dem die Rumänen die Oberhand hatten. Den österreichischen Anteil hielt eigentlich eine Briefkastenfirma. Das einzig wirklich Österreichische an dem Hotel war, dass es pro forma noch von Eberhard Meissl jun. geführt wurde, der allerdings auch schon in den Sechzigen war. Dieser alte Junior war nur ein Strohmann, allerdings einer mit einer Gewerbeberechtigung. Zu sagen hatte er nichts mehr.

Als Trautmann in das Hotel kam, sah er seinen Freund Kurt Horky schlafend hinter dem Pult der Rezeption sitzen.

Horky hatte stark abgewirtschaftet. In früheren Jahren war er für seine Fans nur „der Kurti" gewesen, seinetwegen waren zu jedem Match viele Zuschauer gekommen. Er hatte bei einem unterklassigen Wiener Fußballverein begonnen, war dann von einem Oberligaverein gekauft und in kürzester Zeit durch seine legendären 30-Meter-Freistöße und seine Kopfballtore beinahe zu einem Nationalhelden geworden. Seine besonders gefürchteten Kopfbälle hatte er, wie der damals deswegen ebenfalls berühmte Deutsche Horst Hrubesch, oft in einem sogenannten Hechtsprung, fast schon liegend, erzielt.

Nach seiner Wiener Zeit hatte Horky in Italien bei Inter Mailand und in den Niederlanden beim Klub PSV Eindhoven und bei Ajax Amsterdam gespielt und gut verdient. Aber dann hatte er wegen seines Saufens und des viel zu vielen Essens seine Karriere beenden und wieder nach Wien zurückkommen müssen.

Horky war jetzt nur mehr älteren oder alten Fußballfreaks bekannt. Er war immer noch an die zwei Meter groß, aber nicht mehr wie in seiner Glanzzeit schlankmuskulös, sondern ein Fettkloß, der im Gegensatz zu seinen früheren neunzig Kilo jetzt hundertfünfunddreißig Kilo wog und bereits nach wenigen Schritten schwer zu schnaufen begann. Von seinen früheren hohen Gagen war ihm nichts geblieben. Er musste froh sein, den Nachtportiersposten im Hotel Meissl erhalten zu haben.

Trautmann schlug mit der flachen Hand auf das Pult. Horky schreckte hoch und glotzte ihn an.

„Schlafen kannst zuhaus, Wamperter", sagte Trautmann. „Weil jetzt bin ich da."

„Das seh ich, Alter. Und warum bist da? Wegen was rennst du mir mitten in der Nacht die Tür ein und weckst mich auf?"

„Weil ich nicht zur Unterhaltung, sondern dienstlich da bin, Kurti. Bei euch wohnt nämlich ein Nicolae Grigorescu – oder hat gewohnt, weil der jetzt nämlich in die Sensengasse umgezogen ist. Ich komm jetzt seine Sachen holen."

Horky richtete sich zu voller Größe auf: „Bist jetzt voll zu oder hast schon den Altersblödsinn? Was soll denn der Grigorescu in der Sensengasse, wenn er doch bei uns wohnt?"

„Erstens, Kurti, bin ich nüchtern und so trocken wie die Sahelzone, und deppert bin ich auch nicht. Und zweitens ist der Grigorescu aus dem Grund in der Sensengasse, weil er nämlich *die Hufe aufgestell*t hat. Den Typen haben s' heut in der Nacht die Schleifen geben."

Horky ließ sich wieder niederplumpsen. „Wieso denn? Wer denn? Und warum?"

„Das möchten wir auch gern wissen, Kurti. Deswegen möchte ich mir jetzt dem sein Zimmer anschauen. Vielleicht findet sich dort was, aus dem man Schlüsse ziehen könnt."

Horky griff zu dem hinter ihm hängenden Schlüsselbrett und gab Trautmann einen Schlüssel. „Da hast. Zimmer 9 im 1. Stock." Dann fragte er: „Soll ich mitgehen?"

„Nein, bleib auf deinem Arsch hocken. Ich mach das schon allein."

Trautmann zeigte Horky das Säckchen mit dem bei Grigorescu sichergestellten kleinen Schlüssel. „Ist der von seinem Zimmersafe?"

„Ja."

„Den hat er nämlich eingesteckt gehabt. Wo im Zimmer ist denn der Safe?"

„Im Kasten. Wennst den aufmachst, siehst ihn sicher gleich."

Als Trautmann in das kleine, etwas abgewohnte Zimmer kam, öffnete er zunächst die Tür zum Nassraum, in dem sich ein WC, eine Dusche, ein ramponiertes Bidet und ein Waschbecken befanden. Über dem Waschbecken gab es einen etwas schief hängenden Spiegel und eine Etagere, auf der Zahnbecher, Zahnbürste und Zahncreme, eine Tube Fettcreme sowie ein elektrischer Rasierapparat lagen. An der Wand hingen an Haken zwei große, sichtlich benützte Frotteetücher.

Das Bett im Zimmer war ungemacht. Auf dem Nachtkästchen daneben lagen einige Tageszeitungen. Es gab ein kleines Tischchen mit Drehhocker und einen Kasten, in dem nur zwei frische Hemden, zwei Unterhosen und ein Paar Socken lagen. Trautmann sah den Zimmersafe. Er zog sich Latexhandschuhe an, holte den beim Toten gefundenen Schlüssel aus dem Plastiksäckchen und sperrte den Safe auf.

Im Safe gab es einen Schlüsselbund, an dem diverse Schlüsseln hingen – unter ihnen auch ein Autoschlüssel für einen Renault –, und eine ziemlich neu aussehende Pistole.

Trautmann nahm die Pistole heraus und stellte anhand der auf dem Lauf befindlichen Aufschrift fest, dass es sich um eine Walther P99 handelte.

Diese Waffe war eigentlich für die Polizei hergestellt worden und für Private kaum im Handel erhältlich. Trautmann schaute sie genauer an und stellte fest, dass die Waffe mit größter Wahrscheinlichkeit noch unbeschossen war. Nahm das Magazin heraus und sah, dass es sechzehn Hohlspitzpatronen, Kaliber 9 Millimeter Luger, enthielt. Entfernte die Patronen, führte das leere Magazin wieder ein und zog den Verschluss der Waffe zurück, um sicher zu sein, dass sich in der Kammer keine Patrone befand.

Trautmann kannte die im Grunde seltene Waffe nur, weil er unlängst zufällig die Kriminalbeamtenzeitschrift, die er sonst nur flüchtig durchblätterte, genauer gelesen hatte – unter anderem einen Artikel über die relativ neue P99. Er wusste daher, dass es sich bei dieser Waffe um eine von der deutschen Firma Walther hergestellte hahnlose Selbstladepistole mit einem Gewicht von 630 Gramm und einer Lauflänge von 102 Millimetern handelte, die durch sofortige Feuerbereitschaft, hohe Feuerkraft und die tiefliegende Visierung blitzschnelle Zielerfassung ermöglichte. Diese auch „P99" genannte Pistole war kein *Titschkerl*, sondern eine wahre Kanone.

Trautmann versorgte die Waffe in einem der Plastiksäckchen, die er ja immer dabei hatte, zog die Handschuhe aus, steckte sie ein und dachte, dass dieser Grigorescu wohl nicht im Milieu unterwegs gewesen war. Denn sonst wäre er bestimmt nicht ohne Waffe weggegangen.

Das sagte er auch seinen Kollegen, als sie im Büro zusammensaßen.

Zuvor hatte sich Trautmann im Marktcafé, das wegen der Marktleute schon um 5 Uhr früh aufsperrte, ein kräftiges Frühstück – zwei Melangen, drei knusprige Buttersemmeln und eine über den Tellerrand hängende Eierspeise von vier Eiern – sowie drei selbstgerollte Zigaretten gegönnt.

Dolezal und Lassinger teilten seine Meinung. Wer eine derartige Waffe besaß, aber ohne sie fortging, war sich sicher, dass er sie unterwegs keinesfalls brauchen würde.

„Es kann aber auch sein", meinte Reisinger, „dass er aus irgendeinem Grund sofort weg musste und deswegen vergessen hat, die Waffe einzustecken. Oder er hat sie vielleicht wem verkaufen wollen und deswegen hat er sie ..."

Trautmann unterbrach sie. „Nein, Mani, das glaub ich nicht. Was du da sagst, ist ein *Holler*. Einer, der so eine *Puffen* verkaufen will, tut das nicht nackert. Der hat sie in einem Sackerl oder hat sie in ein Tuch eingewickelt. Und ich sag dir, einer, der so eine Waffen hat, der hat die auch immer bei sich, weil er sie ja nicht juxhalber hat. Der rechnet damit, dass er sie eventuell auch braucht. So einer nimmt sich die Puffen sogar zum Frühstücksbuffet oder wenn er aufs Häusl geht mit. Weil er weiß, dass er Feinde hat, die ihm was antun wollen, und dass die überall sein können."

„Das glaub ich auch", sagte Oberst Sporrer. „Besonders, weil die P99 ja nicht eine Spielerei für *Schwammerlbrocker* ist, sondern für einen ist, der genau weiß, was man mit ihr machen kann."

„Etwas ist merkwürdig und gibt mir zu denken", sagte Lassinger. „Nämlich, dass es sich bei beiden Geköpften um Männer aus Ostländern handelt. Der Fülöp war ein Ungar und der jetzige, Grigorescu, ein Rumäne. Das kann doch was bedeuten. Da muss es doch irgendeinen Zusammenhang geben, oder?"

„Was ist denn da merkwürdig dran", ätzte Dolezal. „Tot wären alle zwei, auch wenn einer von denen ein Kongoneger oder ein Eskimo gewesen wär. Wo keiner ist, seh ich auch keinen Zusammenhang."

„Red nicht so deppert, Burschi", brummte Trautmann. „Nur weil du mit deine Koksaugen was nicht siehst, kann es trotzdem da sein."

Und Sporrer setzte hinzu: „Genau. Erst denken, dann gscheit reden, Dolezal. Oder, bevor man einen Blödsinn sagt, lieber die *Pappen* halten."

Trautmann ging zum Fenster, öffnete es und rauchte eine Selbstgerollte, wobei er halbherzig den Rauch zum Fenster hinauszublasen versuchte.

„Der Lassinger hat recht, Kinder", sagte Sporrer. „Da ist was dran. Okay, der Fülöp hat, obzwar man ihm nichts Direktes hat nachweisen können, unter Umständen was mit Huren und Menschenhandel zu tun gehabt. Und der Grigorescu, mit seiner P99, ist auf jeden Fall unfrank. Was mit dem ist, werden wir ja von unseren rumänischen Kollegen erfahren. Hoffentlich bald. Ich hab mich mit ihnen schon in Verbindung gesetzt und erwarte jeden Moment deren Bericht. Später können wir ihnen ja dem Grigorescu seine DNA und Prints übermitteln."

Er schaute die anderen an: „Ihr werdet jetzt Kilometer machen und jede Menge Leute befragen, besonders darüber, ob einer von denen zur ungefähren Tatzeit einen Blinden oder sonstwen in der Nähe des Tatorts gesehen hat. Ich setz mich jetzt vor meinen Computer und schau, ob ich irgendwas über den Mann finde. Und außerdem nehm ich Verbindung mit dem BKA und dem LKA auf."

Trautmann, der ja wie eine Maschine rauchte, warf den Zigarettenstummel aus dem Fenster und sagte: „'tschuldigung, der ist mir auskommen."

Er rollte sich eine neue Zigarette und brummte, mehr zu sich als zu den Kollegen: „Der Blinde. Hineingeschissen und umgerührt. Niemand hat jemals gehört, dass ein Blinder ... Na, okay, der kann einen, der neben ihm steht, mit einem Messer abfeiteln oder erwürgen oder ihn mit einem Gegenstand niederhauen. Das war alles schon da. Aber einem mit einem Schwert oder was Ähnlichem den Schädel abhauen, das ist für ihn nicht drinnen. Für so was muss einer sehen. Weil, wer nichts sieht, kann auch keinen genau am Hals oder am Genick treffen. Da fahrt die Eisenbahn drüber."

„Außer", warf Reisinger ein, „es handelt sich um einen Sehenden, der den Blinden nur spielt."

„Aber auch das ist eher unwahrscheinlich", sagte Trautmann. „Warum soll einer so ein Theater machen, um einen Typen aus dem Verkehr zu ziehen. Ist doch viel gescheiter, man lauert ihm auf und schießt ihn mit einer Schalldämpferpuffen um. Das macht nur ein ‚Plopp' und die Geschichte hat sich erledigt."

Das war nicht nur einleuchtend, sondern auch logisch. In der Unterwelt wurden missliebig gewordene Leute entweder kurzerhand erschossen oder erstochen und ihre Leichen dann mit einem Gewicht um den Leib und aufgeschlitzt in einem Gewässer versenkt. Und wenn man wollte, dass die Leiche obenauf schwimmend, sozusagen als Mahnung für andere, entdeckt wurde, schlitzte man sie nicht auf, sodass die Körpergase sie an die Wasseroberfläche trieben. Und wenn der Täter unter Umständen ein Irrer war, warum hatte er sich dann ausgerechnet zwei

Ostleute ausgesucht? Außerdem fragte man sich, wie er die beiden gefunden hatte. Jedenfalls konnte das kein Zufall gewesen sein. Der Täter musste gewusst haben, wann er seine Opfer wo finden konnte.

Diese Überlegungen stellte Sporrer in den Raum und ging aus dem Zimmer.

Manuela Reisinger machte für die Kollegen Kaffee, blieb aber selbst bei ihrem geliebten grünen Tee. Dann machten sie sich auf den Weg.

18

Sporrer durchsuchte nach und nach alle in Frage kommenden österreichischen Dateien, fand aber in keiner einen Hinweis auf Nicolae Grigorescu. Er erhielt aber nach kaum einer Stunde eine umfangreiche und genaue Antwort von den rumänischen Kollegen.

Nach deren Angaben war Nicolae Grigorescu sowohl der rumänischen Polizei wie auch der Justiz bekannt.

Der Mann war zwei Mal verurteilt worden und hatte beide Strafen verbüßt. Eine wegen „schwerer Körperverletzung" und eine wegen „gefährlicher Drohung", in Tateinheit mit Erpressung. Er hatte auch einen Mann, allerdings angeblich in Notwehr, mit einem Messer getötet und das Gericht hatte, im Gegensatz zur Polizei, die Notwehr als gegeben erkannt und Grigorescu freigesprochen. Außerdem gab es gegen ihn seit Jahren Ermittlungen wegen Menschenhandel und Freiheitsentziehung aufgrund des begründeten Verdachts, dass er unter Vorspiegelung falscher Tatsachen nicht nur junge Frauen, sondern auch minderjährige Mädchen gefangen hielt und diese auch in andere Länder verkaufte, in denen sie als Prostituierte eingesetzt wurden. Die rumänischen Kollegen hatten solche Frauen und Mädchen in Deutschland, Frankreich und Italien ausforschen können. Diese hatten aber bei der Befragung vorgegeben, sich aus freien Stücken für diesen Beruf entschieden zu haben und einen Grigorescu nicht namentlich zu kennen. Sie hatten auch auf den ihnen vorgelegten Fotos den Abgebildeten nicht als den Mann identifizieren können, der verdächtigt wurde, sie engagiert, dann gefangen gehalten und sexuell missbraucht und anschließend ins Ausland verschoben zu haben.

Grigorescu hatte meist allein oder mit wechselnden Freundinnen in einer Bukarester Nobelwohnung gelebt und war Besitzer eines Pkws Marke Renault gewesen. Seine in- und ausländischen Bankkonten überstiegen die Summe von umgerechnet 4.500.000 Euro. Und er war zu zehn Prozent Teilhaber an einer rumänisch-österreichischen Hotelgruppe gewesen, zu der auch zwei Wiener Hotels sowie ein Grazer, ein Klagenfurter und ein Eisenstädter Hotel gehörten.

Einen Waffenschein hatte er weder für eine Walther P99 noch für eine andere Faustfeuerwaffe gehabt. Bis zu seinem Tod hatte Grigorescu als Manager für alles und jedes Erlaubte agiert und seine Einkünfte entsprechend versteuert. Dass er auf seinen Konten einen so hohen Betrag gehabt hatte, hatte die rumänischen Kollegen überrascht. Zur Zeit des Präsidenten Ceauşescu war Grigorescu ein rangniedriger Offizier des rumänischen Geheimdienstes Securitate gewesen. Man hatte ihm aber weder eine Teilnahme an Folterungen noch andere Übergriffe im Dienst nachweisen können. Er war nach dem Tod des Diktators Ceauşescu entlassen worden und es waren ihm keine Verbindungen zu anderen Securitateleuten nachzuweisen gewesen.

Sporrer gab diese Angaben an das BKA und LKA weiter und hörte von denen nur, dass die Ast Zentrum/Ost weiterhin ermitteln sollte, aber mit größter Wahrscheinlichkeit die schon mit dem Mord an Fülöp befasste OFA-Kommission wieder eingesetzt werden würde.

Trautmann suchte in der Gerichtsmedizin seine alte Bekannte Dr. Andrea Zimper auf, die mit der Obduktion des toten Grigorescu fast fertig war.

„Also", referierte sie, „was die Todesursache angeht, so ist der Mann infolge Enthauptung zu der Zeit, die ich schon am Fundort festgelegt habe, verstorben. Der Schlag ist eindeutig mit einer schwertähnlichen, jedenfalls rasiermesserscharfen Waffe von vorn, also gegen den Kehlkopf, geführt worden. Dabei wurden alle im Schnittbereich betroffenen Organe irreparabel zerstört."

Dr. Zimper lächelte Trautmann an. „Und weil ich weiß, dass dich die lateinische Aufzählung nicht interessiert, habe ich dir das gleich auf Deutsch gesagt und lass auch die betroffenen anderen Organe aus."

„Man bedankt sich", grinste Trautmann. „Bei nächster Gelegenheit geb ich dir ein Busserl aufs Baucherl."

„Das wird nicht notwendig sein", lächelte die Gerichtsmedizinerin. „Außerdem könnt mir dann passieren, dass ich durch dein Busserl aufs Baucherl selber auf dem Seziertisch lieg."

Und wieder ernst: „Der Tote war so weit mehr oder weniger gesund, er hatte nur eine geschwollene Leber. Am linken Oberschenkel, hinten, hat er allerdings eine Schussverletzung gehabt. Die Vernarbung der damals entstandenen Wunde weist darauf hin. Und auch darauf, dass die Verletzung kein Durch-, sondern ein Steckschuss gewesen ist. Das ist alles. Ich lass jetzt den Körper vom Prosekturgehilfen zunähen und den Kopf dazulegen. Und wenn du magst, kannst mit mir, statt dem Busserl aufs Baucherl, ins Espresso vis-à-vis einen Kaffee trinken gehen. Die Rechnung tät allerdings an dich gehen."

„Gemacht, Andrea-Kinderl. Und weil ich heut die Spendierhosen anhab, kriegst auch eine Esterházy-Schnitte, was du so gern magst, und ein Glasl Wasser zum Kaffee."

Im Espresso trank Trautmann drei Extrakurze, aber mit viel Zucker, und rauchte, weil es in diesem winzigen Lokal im Gegensatz zu größeren erlaubt war, zwei Selbstgerollte – obgleich ihm Zimper vorhielt, dass Trautmanns ewige Raucherei entweder zu Lungenkrebs oder einem Herzinfarkt führen würde. Er würde eines Tages vor ihr auf dem Seziertisch liegen und blöd dreinschauen, wenn sie seinen Kadaver aufschnitt.

„Ich schau nie blöd, Kinderl, und als Toter schon gar nicht. Und sterben muss ich sowieso einmal. Ob wegen dem Rauchen oder was anderem. Wegen was genau ich dann die *Hiaf* aufstell, wird mir wurscht sein."

Dann verließen die beiden das Espresso. Dr. Zimper ging in die Gerichtsmedizin und zu ihrer nächsten Leiche zurück und Trautmann setzte sich in seinen bereits schrottreifen Pkw, rauchte wieder und überlegte, wen er sich als Nächsten zur Brust nehmen sollte.

Dann rief er seinen Oberst an und erfuhr, was die rumänischen Kollegen über den Grigorescu mitzuteilen gehabt hatten. Und beschloss, den Marxler-Peter irgendwo aufzugabeln.

19

Peter Marxler war vor Jahren am Gürtel, einer lang gezogenen Straße, die früher einmal die sogenannten „feineren" Bezirke von den Vorstädten getrennt hatte, eine bekannte Figur gewesen. Der Gürtel hat mehrere Abschnitte, die meist nach den an ihn angrenzenden Bezirken benannt sind. In den Teilen Neubau-, Lerchenfelder, Hernalser und Döblinger Gürtel findet man heutzutage Hochburgen des Wiener Rotlichtmilieus.

Peter Marxler war bis vor einigen Jahren dort für einige der hiesigen Macher einer der Buckeln, der Männer für das Grobe, gewesen, war jetzt aber – wie sein Boss von den Ostleuten – von deren Buckeln abgelöst worden. Jetzt verdiente er als Fitnesstrainer und *Badewaschl* in einer Döblinger Prominentensauna sein Geld und würde dort vermutlich gerade sein. Und wenn nicht, hatte Trautmann ja seine Handynummer.

Er traf Marxler in der fast leeren Sauna an und wunderte sich, dass heute dort kaum Besucher anzutreffen waren.

„Da brauchst dich nicht wundern, Alter", sagte Marxler. „Leute sind genug da. Aber die tun grad drinnen vorschwitzen oder lassen sich massieren oder liegen draußen auf der Wiese oder hocken im Warmbecken und führen Schmäh oder spielen sich mit ihre Eier. Aber was machst du da? Willst auch ein bissl schwitzen? Tät dir und deiner Wampen ganz gut."

„Ich mach eigentlich nichts da, Peter-Bub. Ich bin zufällig in der Gegend gewesen und hab mir denkt, schaust einmal, ob es den alten *Hurenbankert*, den Peter, noch gibt."

„Logisch gibt's mich. Aber das mit dem ‚zufällig', das kannst deiner Großmutter erzählen, wenn die noch lebt. Du wirst von mir was wollen, wie ich dich kenn, du alter Wichser."

Trautmann zog sein linkes unteres Augenlid herunter und grinste.

„Ja, eigentlich will ich nichts direkt wissen. Aber vielleicht kannst du mir einen kleinen, unverbindlichen Zund geben, wenn ich schon da bin. Kennst du per Zufall einen von den jetzigen Gürtelleuten, der was Grigorescu heißt?"

Marxler grinste. „Wer kennt den Sauhund nicht? Der ist ein Rumäner und eine ziemliche Nummer. Arbeitet aber verdeckt und spielt den Nobody. In Wirklichkeit bringt der Hunderte Mädeln und Weiber nach Wien, wo sie dann in den Puffs *die Füß aufstellen* müssen. Und brav die Goschen halten, wenn deine Burschen von der Sitte aufmarschieren. Dann zeigen die nur ihre Papiere her und sagen, sie sind auf eigene Faust nach Wien kommen. Weil sie in ihren Tschuschenländern nichts verdienen, bei uns aber schon. Und wenn eine was anders sagt, kann sie den Rest ihres Lebens mit einem zerschnittenen Gesicht umeinandrennen, euch oder einem Doktor sagen, sie ist im Rausch gegen eine Glastür grennt, was zerbrochen ist, und dann dorthin zurückfahren, von wo sie herkommen ist."

Und neugierig: „Aber warum interessierst du dich für den Rumänen? Du bist ja nicht von der Sitte und hast normalerweise mit solchen Gschichten nichts zu tun."

„Eh nicht, Peter, eh nicht. Aber in dem Fall schon, weil dem Grigorescu hat einer das Happl abgehaut, und mit dieser Gschicht hab ich schon was zu tun."

„Eh klar", sagte Marxler. „Wenn s' einen abgemurkst haben, geht's dich logisch was an." Er ging zur Tür, die ins Freie führte, und rief: „In zehn Minuten gibt's einen Spezi-Aufguss, die Herren. Machts euch langsam bereit!"

Von draußen kamen an die zehn Männer herein, griffen nach ihren Sitztüchern und setzten sich entweder zum Vorwärmen in die Vorkammer oder gleich in den eigentlichen Saunaraum.

Marxler zog ein Zigarettenpäckchen hervor und sagte zu Trautmann: „Hauen wir uns auf eine Zigarette ins Freie und reden noch ein bissl. Dann heiz ich den Arschlöchern so ein, dass denen ihre Eier zu kochen anfangen."

Und trocken: „Vorige Woche ist einer von denen vom Bankl gefallen und hat einen Herzkasperl kriegt. Jetzt liegt er im AKH auf der Intensiv und kann drüber nachdenken, dass meine Aufgüsse was für Männer und nicht für *Zniachterln* sind."

Die beiden gingen auf die Liegewiese hinaus. Marxler rauchte sich eine Filterzigarette und Trautmann eine Selbstgedrehte an.

„Dass dem Grigorescu einer das Happl abgehaut hat, geht voll okay", sagte Marxler. „Das ist eine gute Tat gewesen. Aber wer hat denn das gemacht? Habts den schon?"

„Nein Peter, noch nicht. Aber der Rumäner ist schon der zweite Typ, den was einer mit einem Schwert oder so was Ähnlichem bearbeitet hat. Der erste war ein Ungarer, ein Sándor Fülöp, und der zweite ist der Grigorescu."

„Fülöp? Den kenn ich nicht. Wer soll das sein? Na, wurscht. Aber ich kann mir nicht vorstellen, dass das Milieugeschichten gewesen sind. Weil in der Partie wird dir entweder ein Lokal demoliert oder anzunden, oder du wirst abgestochen oder umgschossen oder kriegst bei einem Verkehrsunfall mit Fahrerflucht die Schleifen. Bei uns geht es ja eh noch halbwegs zivilisiert zu. Aber in Hamburg, hab ich ghört, haben die Russen sogar mit einer Panzerfaust und einem Trokar gearbeitet. Was ein Trokar ist, weiß ich nicht, aber jedenfalls irgendwas zum Stechen."

Trautmann grinste.

„Aber ich weiß es, weil ich ja viel weiß. Ein Trokar", erlärte er, „ist ein Röhrl mit einer Nadel drin, was eine dreikantige Spitze hat. Das haut man einem eine, zieht di Nadel aus dem Röhrl und dem sein Blut spritzt heraus. So was verwendet man auch bei Viechern. Wenn ein Wiederkäuer wie eine Kuh Blähungen hat und keine Schase lassen kann, sticht man die in den Bauch hinein, damit die Luft durch das Röhrl herausgeht. In der Medizin verwendet man den auch zu allerhand. Na, und die Russen verwenden den Trokar halt, um einen aus dem Weg zu räumen und dem das Blut herauszulassen. Für so was ist ein Trokar praktisch, weil er handlich und leicht ist und man ihn im Ärmel verstecken kann."

„Aha. Na, ist aber eh wurscht. Was ich sagen wollt, ist, dass in der Wiener Szene auf keinen Fall einer mit einem Schwert herumrennt. Wir sind ja nicht mehr in der Ritterzeit oder sonstwo. Wer aber arge Bröseln macht und nicht auf das hört, was man ihm sagt, kommt eben weg und die Geschichte hat sich. So, und jetzt hauen wir uns wieder eine. Ich muss ja für die Herren Doktoren und Magister und Kommerzialräte einen Spezi-Aufguss machen, damit s' einen Vorgeschmack auf die Hölle kriegen, wo sie alle landen werden, wenn s' einmal die Huf aufstellen."

Trautmann und Marxler warfen ihre Kippen in einen auf dem Rasen stehenden großen Metallaschenbecher und gingen wieder hinein.

Dann bedankte sich Trautmann bei Marxler und verließ die Nobelsauna.

Er hörte Marxler wie einen Wahnsinnigen rufen: „Auf geht's, Herrschaften! Aufguss! Aufguss! Aber nicht unter hundertzehn Grad."

Trautmann ging zu seinem Auto, setzte sich hinein und dachte sich, dass Leute, die sich freiwillig bei hundertzehn Grad in eine Sauna hockten, im Schädel total hin sein mussten. Früher oder später würden die sicher, wie feine Leute sagten, ableben oder von hinnen gehen. Allerdings freiwillig. Denen musste keiner mit einem Schwert kommen.

Er rollte sich eine Zigarette, die einen zwar auch hin machte, aber zumindest auf angenehme Art. Und er dachte an den Zen-Koan „Es gibt keinen Weg. Nur Träume und Träume von Träumen." Denn für einen Meister, einen Rōshi, gab es ja weder Geburt noch Tod, sondern nur eine

Abfolge von Träumen, die irgendwann in der großen Leere des Nirvana, wo es zum Erlöschen aller durch Gier, Hass und Wahn hervorgerufenen Phänomene kam, endeten.

Nur Träume von Träumen ...

Na, okay, wenn das so war, spielte es keine Rolle, ob man durchs Rauchen Lungenkrebs bekam oder durch einen anderen Krebs oder was auch immer abtrat. Das hatte keine Bedeutung.

Weil er, Trautmann, aber kein Zen-Meister, sondern nur ein kleiner Kriminalbeamter war, hätte er sich lieber nach einem plötzlichen Hinterwandinfarkt *die Erdäpfel von unten angeschaut*, als langsam zu verrecken.

Aber noch lebte er ja und sollte, Träume hin oder her, einen Typen ausforschen, also einen Mörder finden, der anderen Leuten den Kopf abschlug.

20

Manuela Reisinger befragte mehrere Stunden lang die Leute aus der Czerningasse und deren Umgebung, und sogar die *Tschecheranten* am Praterstern, ob sie in der Tatnacht eine auffällige Person oder vielleicht sogar einen Blinden gesehen hätten. Aber die Befragten glichen den chinesischen Affen, die weder etwas sehen noch hören und auch nicht reden. Sie wurde aber fündig, als sie die Polizeiinspektion Praterstern aufsuchte und sich mit den dortigen Kollegen und Kolleginnen unterhielt.

Denn einer der Kollegen meinte, sie solle doch besser die zwei Beamten befragen, die in der Nacht des Mordes in der Gegend Streife gefahren waren. Nachdem beide dienstfrei hatten, rief sie der Wachkommandant zuhause an.

Der erste Beamte hob ab und antwortete seinem Kommandanten auf dessen Frage, ob ihm etwas aufgefallen sei, er habe nicht speziell auf etwas Verdächtiges geachtet. Kurz nachdem sie die Fallnbiegel gesehen hätten, sei ein Einsatzbefehl gekommen und sie seien mit Horn und Blaulicht in die Weintraubengasse gefahren, um dort eine lautstarke häusliche Rauferei zwischen Eheleuten zu beenden. Im Zuge dieser Amtshandlung hätten sie den Ehemann der Wohnung verwiesen und das auch der Polizeiinspektion gemeldet. Während der Einsatzfahrt wären sie aber auf der menschenleeren Praterstraße von einem zu schnell fahrenden Pkw überholt worden. Aber da hätte er, als Lenker des

Streifenwagens, und weil alles so schnell gegangen sei, nicht darauf geachtet, wer im Auto gesessen sei.

Den zweiten Polizisten erreichte der Kommandant über dessen Handy und erfuhr, dass er mit seiner Frau und den zwei Kindern im Polizeibad war. Er bestätigte die Aussage des Kollegen bezüglich des Pkws und fügte hinzu, es sei ein eher heller, mittelgroßer VW oder ein Fiat gewesen. Sie seien aber sehr rasch unterwegs gewesen und in die Weintraubengasse eingebogen, deshalb könne er nur sagen, dass in diesem Pkw möglicherweise zwei, vielleicht auch drei Personen gesessen waren. Er könne sie aber nicht beschreiben, er habe sie ja nur aus einiger Entfernung und von hinten gesehen.

Er konnte auch nicht mit Bestimmtheit sagen, welches Geschlecht die Insassen gehabt hatten, glaubte aber, dass der Wagen von einer Frau gelenkt worden war. Das Kennzeichen des Pkws wusste er nicht, weil er nicht darauf geachtet hatte.

„Das sind halt die jungen Buben", sagte der Kommandant zu Manuela Reisinger. „Haben Augen so groß wie Punschkrapferln, aber sehen null. Wenn die einen *müllisieren* wollen, muss der schon ein Taferl mit Blockschrift umhängen haben, auf dem er um Festnahme bittet."

„So arg wird es auch wieder nicht sein. Aber bei einem Einsatz ist das ja kein Wunder", verteidigte Reisinger ihre Kollegen. „Da schaut man nicht auf das Kennzeichen eines beliebigen, unauffälligen Autos. Ich hätte es in dieser Situation auch nicht weiter beachtet. Und schon gar nicht geschaut, wer drinnen sitzt."

Als sie müde und abgehetzt in die Ast zurückkam, berichtete sie ihrem Oberst, was sie erfahren hatte, aber der zeigte kein sonderliches Interesse an den Informationen.

„Wenn wir weder wissen, was für ein Pkw das gewesen ist, noch, welches Kennzeichen er gehabt hat, noch, wie viele und welche Leute im Wagen waren, bringt uns das überhaupt nichts. Es fahren ja Tag und Nacht alle möglichen Autos."

Und dann sagte Sporrer, wie schon Manuela Reisinger zuvor: „Und wie die Kollegen hätte ich während einer Einsatzfahrt darauf auch nicht geachtet."

Dann sagte er, dass das, was er inzwischen telefonisch von Trautmann erfahren hatte, auch kaum mehr als ein Nullnummer war. Denn was Trautmann, der noch irgendwo unterwegs war, von seinem Spezi Marxler über Grigorescu erfahren hatte, führte ja auch nicht weiter.

Dolezal und Lassinger kamen erst am späten Abend, als Trautmann, bewaffnet mit drei Pferdeleberkässemmeln, längst wieder in der Ast war und eben den letzten Bissen hinunterschluckte.

Auch diese beiden hatten im Grunde nur leere Kilometer gemacht. Denn die Leute vom Gürtelstrich und von einigen als Café oder Bar getarnten Bordellen waren zwar, wie Dolezal verärgert sagte, scheißfreundlich und vorgeblich willens gewesen, „der verehrten Polizei" zu helfen. Wussten aber angeblich allesamt nicht, wer Nicolae Grigorescu war, und auch nichts über ausländische Mädchen und Frauen, die nach Wien gebracht und zur Prostitution gezwungen wurden. Natürlich hatten Dolezal und Lassinger vermutet, dass sie im Gürtelmilieu nichts erfahren würden, hatten aber, weil Dienst eben Dienst war, dennoch die Runde gemacht.

Während Trautmann seinen Espresso schlürfte und zügig paffte, sagte er seinen Lieblingsspruch: dass es im Arsch finster war.

Er hielt die ganzen bisherigen Ermittlungen mehr oder weniger für ein Haschen nach Wind. Sie waren nicht mehr als Herumstochern in einem riesigen Haufen Hundescheiße, in dem vielleicht, aber vielleicht auch nicht, ein Goldkörnchen versteckt war.

Als die telefonische Mitteilung kam, dass der Kriminalpsychologische Dienst des Bundeskriminalamts in den beiden Mordfällen wieder die Arbeit aufgenommen hatte und sogar durch einen beinahe schon legendären Profiler aus dem Innenministerium verstärkt worden war, entlockte das Trautmann nur ein schwaches Grinsen.

„Diese Über-drüber-Weltmeister werden das Kraut auch nicht fett machen. Es sind zwar teilweise gute Leute, aber Hellseher halt auch keine. Aber soll sein. Die zwei Morde sind so rätselhaft und bis jetzt gibt es keinen vernünftigen Ansatz, sodass keine Sau weiterkommt."

„Zumindest vorläufig nicht", sagte Sporrer.

Eine Woche nach Grigorescus Tod wurden dessen persönliche Gegenstände der rumänischen Polizei geschickt.

Die P99 war bereits untersucht worden und der Sachverständige hatte festgestellt, dass aus ihr noch nie geschossen worden war. Auf der Waffe, deren Magazin und den sichergestellten Patronen befanden sich Grigorescus Fingerabdrücke und sonst keine. Sie landete in der Waffenübernahmestelle.

Der Körper des Mannes, an dem niemand interessiert war, wurde in Wien eingeäschert und die Urne wurde in einem namenlosen Grab beigesetzt.

21

Dass der von der Staatsanwaltschaft einberufene Kriminalpsychologische Dienst des BKA trotz des neuen Profilers auch nur mit Wasser kochte, stellte sich bald heraus. Denn die Operative Fallanalyse brachte nichts, was nicht ohnehin schon bekannt war.

Die fallanalytisch bestens ausgebildeten und erfahrenen Kriminalbeamten und der Forensiker konnten nichts Neues ermitteln. Sie durchforsteten zwar x-mal alle möglichen Dateien, wie das *ViCLAS*, das „Violent Crime Linkage Analysis System", versuchten den Background von Fülöp und Grigorescu genauer zu durchleuchten, kamen dadurch aber auch nicht weiter.

Über Fülöp wurde nichts Wesentliches in Erfahrung gebracht, und über Grigorescu hatte ja schon Trautmanns Bekannter Peter Marxler ausgesagt, dass dieser die Wiener und andere Szenen mit Mädchen und jungen Frauen versorgt hatte.

Der beigezogene Superprofiler, der zwar mit größter Brillanz schon mehrmals scheinbar unlösbare Fälle aufgeklärt hatte, war ebenfalls auf dem falschen Dampfer unterwegs. Das von ihm erstellte und immer wieder neu überarbeitete mutmaßliche Täterprofil sagte im Grunde nichts aus.

Auch seiner Meinung nach war für beide Morde durch Enthauptung derselbe Täter verantwortlich, mit fast hundertprozentiger Sicherheit ein Mann. Frauen verwendeten hauptsächlich Gift, töteten mit einer Überdosis an Medikamenten, mit einem Messer, manchmal auch durch Erwürgen oder Schläge mit einem schweren Gegenstand, den sie gerade in der Hand hatten oder der sich in Griffweite befand.

Vor Jahrzehnten hatte eine Täterin sogar eine Faschiermaschine mit Handkurbel, wie sie damals in den meisten Haushalten üblich war, für einen tödlichen Schlag benützt. Ein Schwert oder einen schwertähnlichen Gegenstand hatte noch keine Frau für eine Tatausführung verwendet. Eine Frau kam auch deshalb eher nicht als Täterin in Frage, weil ein einziger Schlag mit einer solchen Hiebwaffe, die einen Kopf vom Körper zu trennen vermochte, so viel Kraft verlangte, dass man dies einer Frau eigentlich nicht zutraute.

Da es schon der zweite Mord mit einer so ungewöhnlichen Tatwaffe war, wurde ihr nun mehr Aufmerksamkeit gewidmet. Dr. Zimper hatte ja schon festgestellt, dass die Waffe eine sehr dünne Klinge haben musste. Normalerweise hatte ein Schwert keine solch dünne Klinge. Außer es handelte sich um ein ganz spezielles, kunstvoll aus vielen Lagen Stahl geschmiedetes, ungewöhnlich schmales und dünnes Samuraischwert. Vermögende Sammler mochten ein solches Schwert besitzen, aber für einen gewöhnlichen Menschen war es unerreichbar. Aber ein reicher Sammler von Asiatica kam wegen des Milieus, in dem sich die Ermordeten bewegt hatten, als Täter in den Mordfällen Fülöp und Grigorescu wohl nicht in Frage.

Es war immerhin möglich, dass der Täter die ungewöhnliche Tatwaffe selbst angefertigt hatte. In diesem Fall könnte es sich um einen Bau- oder Kunstschlosser mit eigener Werkstätte oder um jemanden handeln, der in einem solchen Betrieb arbeitete oder dort zumindest tätig gewesen war. Vielleicht hatte er in einem Hobbykeller oder sonstwo die Tatwaffe angefertigt.

Die Tatwaffe musste aber nicht unbedingt in Wien gekauft oder selbst hergestellt worden sein. Sie konnte vom Täter auch per Bahn oder in einem Auto aus einem anderen Bundesland oder dem Ausland nach Wien gebracht worden sein.

Und welche Persönlichkeitsstruktur konnte der Mann haben?

Er musste, nach Ansicht des Profilers, jedenfalls ein kräftiger Man sein, der wahrscheinlich allein lebte und allen anderen völlig harmlos erschien. Vielleicht war er aber auch ein ähnlicher Typ wie der vor Jahren festgenommene Mann namens Fuchs, scheinbar völlig harmlos, der aber fähig gewesen war, im elterlichen Wohnhaus Brief- und andere Bomben zu bauen, durch die vier Roma starben und andere schwer verletzt wurden.

Die beiden Opfer des bisher unbekannten Täters waren, wie eindeutig feststand, keine Roma oder Sinti gewesen. Sie hatten im Rotlichtmilieu zu tun gehabt, aber das hätte einen Nazi kaum interessiert. Nein, diese beiden Morde hatten nichts mit Ausländerhass zu tun.

Jedenfalls wurden, um keine Möglichkeit auszulassen, trotz Personalmangel bei der Polizei, von vielen Beamten alle in Frage kommenden einschlägigen Betriebe kontaktiert, aber es konnten keine auch nur annähernd brauchbaren Hinweise ermittelt werden.

Mit dem ausführlichen und mit lateinischen Worten gespickten Gutachten der OFA konnten weder das BKA noch das LKA und schon gar nicht die Leute von der Ast Zentrum/Ost etwas anfangen.

Trautmann fasste die allgemeine Meinung auf seine Art zusammen und sagte: „Die ganze Kommission hat eigentlich nur mit einer großen Kanone und großem Aufwand voll in den Ofen geschossen, Kinder. Und die bisher unbekannte Tatwaffe kann kein Präservativ oder ein Schwamm gewesen sein, und auch kein Gartenschlauch oder Vibrator. Und der Täter kann einer von ein paar Millionen Leut sein, die was zu den Tatzeiten in Wien waren. Oder? Was sagts denn ihr?"

Er brach ab, schaute die anderen an und wiederholte: „Was sagts denn ihr?"

Burschi Dolezal witzelte zwar und meinte, es könnte vielleicht ein eiserner Gartenschlauch gewesen sein, der von einem Phantom geführt worden war, kam damit aber bei seinen Kollegen nicht an.

„Bevorst einen Blödsinn redest", sagte Oberst Sporrer, „red lieber nichts. Mit so was macht man keine Witze, Burschi."

Reisinger glaubte, der Täter könnte unter Umständen vielleicht doch mit einem speziellen Samuraischwert zugeschlagen haben.

„Geben tut es ja alles", sagte Lassinger. „Wie ich noch nicht bei euch, sondern noch in Oberösterreich eingeteilt war, hat es in Statzing einen Jungbauern gegeben, der seinem Vater mit einer Sense den Kopf abgeschlagen hat. Und seinerzeit in Frankreich war doch auch ein Alter, der ein paar Urlauber auf diese Art umgebracht hat."

„Das wissen wir alles, Franzi", sagte Trautmann. „Und das hat auch der Profiler der OFA gewusst. Ich kenn den auch ein bissl privat und mit dem hab ich über Sachen geredet, die nicht im Bericht stehen, den wir gekriegt haben. Mit einer Sense ist aber bei unseren Fällen nichts. Bei diesen alten Geschichten gibt es keine Verbindung zu unseren Morden. Die haben mit unseren Geköpften nichts zu tun. Damals war der Schnitt, wie sich der Forensiker schlau gemacht hat, auch ein anderer und hat genau den Sensen entsprochen, die von den Kollegen sichergestellt worden waren. Und was die zwei Täter angeht, so ist der Jungbauer lebenslang in Haft. Und der alte Franzose hat zwar wegen vierfachen Mordes auch *den Frack gekriegt*, ist aber vor sieben Jahren in der Haft gestorben. Also schauen wir bei unsere zwei Toten blöd aus der Wäsch und können nur drauf warten, ob noch einem Dritten das Happl abgehaut wird, wir den Täter ermitteln und ihm auch die zwei jetzigen Morde anhängen können."

Dann meldete sich im BKA der Schlossermeister Anton Forster, dessen Betrieb in der Kudlichgasse im 10. Bezirk während der Recherchen der OFA wegen Urlaub geschlossen gewesen war. Er war daher nicht kontrolliert worden.

Der von seinen Branchenkollegen vor einigen Tagen über die Kontrollen informierte Forster meldete sich also erst jetzt.

Wie er sagte, hatte sich vor zirka eineinhalb Jahren ein Mann mit der Bitte an ihn gewandt, an einem arbeitsfreien Samstag gegen Bezahlung der Unkosten und außerdem von einigen hundert Euro die Werkstätte benützen zu dürfen, um irgendwelche Teile für seine Kleinbahnanlage anzufertigen, die er als Bastler selber schmieden wollte.

Forster hatte eingewilligt, den Mann, einen gewissen Rudolf Ehrlicher, dessen Adresse er hatte, am Samstagmorgen einzulassen, war aber dann nach Hause gefahren und hatte den Hobbyschmied erst gegen 5 Uhr nachmittags in der Werkstätte aufgesucht. Da war Ehrlicher mit seiner Arbeit, irgendeinem Gestänge für seine Eisenbahnanlage, schon fertig gewesen und hatte diese bereits in seinem Auto verstaut gehabt.

In dieser Sache gab Forster zwar ungern, aber doch zu, die eingenommene Summe von vierhundertfünfzig Euro nicht versteuert zu haben. Das interessierte den Leiter der OFA aber nicht, weil er sich nicht mit Steuerangelegenheiten, sondern mit Morden befasste und der Meinung war, der Staat, der von anderen um Millionenbeträge betrogen wurde, könne diese Hinterziehung ohne weiteres verkraften.

Recherchen ergaben, dass es sich bei dem Hobbyschmied Ehrlicher um einen damals über Siebzigjährigen handelte, der im Vorjahr bei einem Verkehrsunfall ums Leben gekommen war. Dessen Witwe hatte, wie sie sagte, nach einigen Wochen „das ganze Eisenbahnzeug" an verschiedene Interessenten verkauft und von den Sachen ihres Mannes nur dessen rote Bahnvorstandsmütze, eine Trillerpfeife und einen Signalstab als Andenken behalten. Die Käufer der Anlage samt Zubehör waren irgendwelche Altwarenhändler gewesen. Die Witwe sagte aber dezidiert aus, dass sich unter den von ihr verkauften Eisenbahnteilen bestimmt kein längerer Gegenstand befunden hatte.

Damit hatte sich auch diese mögliche Spur als unbrauchbar erwiesen. Und Ehrlicher war ja seit einem Jahr tot und kam so nicht als Täter in Frage.

Die OFA wurde wieder aufgelöst, die Morde an Fülöp und Grigorescu landeten auf Frist.

Die Gruppe Trautmann widmete sich wieder anderen Aufgaben und war, weil Mani Reisinger – wie Trautmann dachte, vom ewigen Gemüsefressen – an einer sehr schweren Lebensmittelvergiftung erkrankt war, sodass sie wohl länger im Kaiser-Franz-Josef-Spital bleiben musste, infolge Personalmangel sowieso mehr als ausgelastet. Sie musste weit mehr Überstunden als sonst leisten, was besonders Trautmann verärgerte.

Schließlich war er nicht mehr jung, sondern ein alter Pflasterhirsch, der nicht mehr wie die Jungen herumlaufen konnte. Außerdem hatte sich sein Sehvermögen verschlechtert und er musste eine Brille tragen, die er jedoch hasste, weil sie ihm das Gefühl gab, wie ein Autobus auszusehen. Und mit seinem linken Knie stimmte in letzter Zeit auch etwas nicht, laut Orthopäde stand ihm früher oder später die Einsetzung eines künstlichen Kniegelenks bevor. Er hatte zwar genügend Dienstjahre, dachte aber trotzdem nicht daran, schon in Pension zu gehen.

Er war, wie er manchmal sagte, „seit ewig" geschieden und hatte danach die aus dieser Ehe hervorgegangene Tochter Iris allein erzogen. Ohne dass er das bemerkt hatte, war Iris heroinsüchtig geworden und im WC einer üblen Vorstadtdisco nach einem Goldenen Schuss tot aufgefunden worden. Jahre danach hatte er zwar noch die Gitti, eine gestandene Kaisermühlner Trafikantin, als Lebensgefährtin gehabt, aber diese Verbindung war wie seine Ehe gescheitert, weil er viel öfter im Dienst gewesen war als daheim.

Seither hatte er außer seiner Arbeit als Kiberer keinen anderen Lebensinhalt mehr und war, wie er meinte, durch seine dauernde Befassung mit Dreck selber zu Dreck geworden.

Er wollte aber keinesfalls als einer enden, der auf einer Bank in einem Park oder in der Prater Hauptallee saß und Tauben fütterte. Und schon gar nicht als einer, der in einem Seniorenheim verschimmelte und drauf warten musste, bis ihn der Quiqui holte.

22

Einige Wochen später ereignete sich im 2. Bezirk, in der Venediger Au nahe dem Wurstelprater, wieder eine spektakuläre Gewalttat.

Die Venediger Au hat ihren Namen möglicherweise von einer vor Jahrhunderten dort angesiedelten venezianischen Glasschmelzerei. Früher war sie ein kleines Augebiet zwischen Lassallestraße und Ausstellungsstraße gewesen. Seit dem Jahr 1905 hatte sie ihre Benennung als Straße. Heute war die Venediger Au ein gut erschlossenes Wohngebiet mit in der Regel nicht gerade billigen Wohnungen und einer guten Infrastruktur, aber leider gab es auch eine üppige Straßenprostitution, die von der Polizei bekämpft wurde und eines Tages wohl verboten werden würde. Die vorhandene Infrastruktur, die Nähe zum Prater und die guten öffentlichen Verkehrsverbindungen wogen das für die meisten der dortigen Bewohner jedoch auf.

Am frühen Vormittag des 3. August waren in dieser Gegend wie immer zahlreiche Menschen unterwegs. Es gab Leute, die mit vollen Einkaufstaschen aus dem Supermarkt in der Ausstellungsstraße kamen, und an der Ecke Ausstellungsstraße/Venediger Au unterhielt sich ein Straßenkehrer mit einem alten Mann im Rollstuhl über etwas Lustiges, weil beide lachten.

Durch die Venediger Au kam eine von zwei jungen Betreuerinnen geführte größere Kindergruppe, die wahrscheinlich zum Kindersport- und -spielplatz auf der Praterseite der Ausstellungsstraße wollte. Ein paar ältere Wienerinnen standen etwas abseits und regten sich über die „lauten Bankerten" auf, die jetzt ganz anders als früher waren und sich einen Jux draus machten, möglichst schreiend durch die Gegend zu laufen. Nach den Kindern kamen drei in Burkas gehüllte Frauen, was den Wienerinnen wieder Grund zum Ärgern gab.

„Zeiten sind das, Zeiten!", keppelte die älteste der Frauen, „buchstäblich nimmer zum Aushalten. Bei Tag gehen einem die Bankerten auf die Nerven und die Tschuschenweiber, was von oben bis unten zugemacht sind, was ganz unnötig ist, weil die eh so schiach sind, dass sie kein Mann anschauen tät. Aber trotzdem sind sie jedes Jahr frisch *angedreh*t und kriegen einen Bankert nach dem anderen, die was wir dann alle erhalten können. Und am Abend und in der Nacht ist mit den Huren und denen ihrer Kundschaft auch keine Ruhe nicht. Und die Polizei macht gar nichts. Dafür und zum Drüberstreuen haben die aus dem Rathaus uns jetzt auch noch den 21er eingestellt, was eine gute und für uns wichtige Straßenbahnlinie war. Und wie wir uns als Anrainer darüber beschwert haben, haben die uns gesagt, es gibt da eh genug andere öffentliche Verkehrsmittel in der Nähe."

Es war ein Sommervormittag wie immer, aber plötzlich wurde schlagartig alles anders.

Denn aus der Ausstellungsstraße kam ein viel zu schnell fahrender mittelgroßer, dunkler Pkw mit getönten Scheiben heran und bog, um ein Haar die eben auf die Straße tretende Kindergruppe erfassend, ohne zu blinken in die Venediger Au ein.

Der Pkw verlangsamte kurz sein Tempo. Das Fenster neben dem Beifahrersitz glitt herunter. Dann zeigte sich der Lauf einer Waffe, aus der viele Schüsse abgefeuert wurden. Von den Projektilen getroffene Teile des Verputzes der Hausfassaden rieselten in einer Staubwolke herab. Querschläger pfiffen durch die Luft. Fensterscheiben zersplitterten. Dann raste der Pkw in Richtung Lassallestraße davon.

Eine zwei volle Einkaufstaschen tragende, ältere, stämmige Frau wurde von den Projektilen etliche Male an Kopf und Körper getroffen. Zwei Männer, eine der Burkaträgerinnen und drei weitere Frauen – eine davon mit einem kleinen Mädchen an der Hand – wurden ebenfalls getroffen und stürzten nieder.

Panik brach aus.

Die Mädchen und Buben der Kindergruppe schrien entsetzt. Sie wurden von ihren Betreuerinnen daran gehindert, sich umzudrehen, und sofort von ihnen im Laufschritt über die Ausstellungsstraße in Richtung Elderschplatz geführt. Die zwei Männer und die fünf Frauen lagen blutend auf dem Gehsteig. Die Frau mit dem Kind drückte die Kleine an sich. Die Burkaträgerin wimmerte hilflos und schlug mit Händen und Füßen um sich. Die am stärksten getroffene ältere Frau war fast völlig zerfetzt worden. Um sie herum breitete sich eine Blutlache aus, in der Fleisch- und Stofffetzen lagen. Die Sachen aus ihren Einkaufstaschen – Packungen mit Fleisch, Wurst, Käse,

Teigwaren, einige Yoghurt- und Schlagobersbecher sowie durch die Schüsse zerrissene Packungen Küchenrollen und Papiertaschentücher – lagen rund um die Frau herum verstreut und wurden teilweise von ihrem Blut durchtränkt. Die zwei unverletzten Burkaträgerinnen standen wie erstarrt und stießen gellende Schreie aus.

Von allen Seiten liefen Leute heran und viele begannen hektisch zu telefonieren oder ihre Handys zu aktivieren. Auf der Ausstellungsstraße stockte der Verkehr, weil einige Pkws wegen der Schüsse jäh gestoppt hatten und mehrere Autos, auch ein großer Lkw, nicht mehr bremsen konnten und auffuhren.

An den Fenstern der umliegenden Häuser zeigten sich Bewohner, die fassungslos auf die Verwüstung und die Getroffenen niederblickten. Die heranströmenden Neugierigen wurden immer mehr. Der Straßenkehrer und der Rollstuhlfahrer versuchten sie so gut wie möglich zurückzuhalten. Man hörte erst das sich rasch nähernde Horn eines Streifenwagens und unmittelbar danach, aus einer anderen Richtung, das Signal eines zweiten Einsatzfahrzeuges.

Die getroffene Frau in der Burka richtete sich auf, versuchte sich die Burka über den Kopf zu ziehen, schrie laut auf, fiel wieder zurück und rührte sich nicht mehr.

Die beiden Streifenwagen, einer aus der Inspektion Praterstern und der andere aus der Inspektion Ausstellungsstraße, trafen kurz nacheinander um 8.37 Uhr bzw. 8.38 Uhr am Schauplatz ein.

Da beide Streifen gleich nach den ersten Anrufen losgefahren waren und es nur wenige Minuten Fahrzeit waren, konnte man daraus rückschließen, dass das Gemetzel kurz nach 8.30 Uhr stattgefunden hatte.

Um 9.00 Uhr gab es in der Venediger Au das, was Trautmann den „großen Auftrieb" nannte.

Anwesend waren Beamte und Kommandanten der beiden nahen Polizeiinspektionen, aus der Ast Zentrum/Ost die Gruppe Trautmann mit Oberst Sporrer, die Gruppe Gewalt, eine Tatortgruppe des Landeskriminalamts unter Führung von Oberstleutnant Sperl und drei Wagen der Wiener Rettung. Eine Kameradschaft der Schulabteilung der Polizei sorgte für die Absperrung des Tatorts und dafür, dass der Verkehr auf der Ausstellungsstraße wenigstens einigermaßen wieder fließen konnte.

Etwas später kamen auch der Bezirksvorsteher der Leopoldstadt, der Chef der Wiener Polizei, der zuständige, überraschend junge Staatsanwalt und die Gerichtsmedizinerin Dr. Zimper. Wenig später erschien sogar der Wiener Polizeipräsident.

In der Zwischenzeit hatten die Rettungsärzte festgestellt, dass die Burkaträgerin an einem Brustschuss verstorben war; einer der Männer hatte einen Herzinfarkt erlitten; der zweite Mann und zwei der Frauen hatten zwar Schussverletzungen, diese waren aber nicht lebensbedrohlich; die Frau mit dem Kind wies nur eine an sich oberflächliche Streifschussverletzung auf und das Kind war überhaupt unverletzt geblieben. Die Verletzten wurden notversorgt und dann in verschiedene Spitäler verbracht. Der Mann mit dem Herzinfarkt verstarb trotz aller Bemühungen während des Transports ins Allgemeine Krankenhaus. Für die am häufigsten getroffene ältere Frau und die junge Burkaträgerin waren nur mehr Polizei, Gerichtsmedizinerin und später der Leichentransport zuständig.

Was den Polizisten sofort auffiel, war, dass es zwar jede Menge Projektile, aber keine einzige ausgeworfene Patronenhülse gab. Die Projektile waren – wie Trautmann, der mit seiner ihm immer noch verhassten neuen Brille jetzt besser als vorher sah, feststellte – Vollmantelgeschoße, Kaliber 9 Millimeter Para. Und das gleiche Kaliber mussten logischerweise auch die plattgedrücken Querschläger haben.

„Da liegen ja mehr als wie zwanzig Stück umanand", sagte er. „Und ein paar können auch weiter weggeflogen sein. Da hat einer mit einer MPi geschossen. Mit einer anderen Puffen kriegst in ein paar Sekunden nicht so viel Kugeln auße."

Und weil er – wie alle anderen Polizisten – von aufgeregten Augenzeugen gehört hatte, dass die Schüsse aus dem offenen Seitenfenster eines schnell fahrenden Autos abgegeben worden waren, fügte er hinzu: „Die Hülsen wird der Sauhund ins Auto fliegen lassen haben. Der hat nur den Lauf ein bissl außeghalten und abgezogen. In dem seinem Auto muss es jetzt nach Pulver stinken wie in einem Schießstand und es muss alles voller Hülsen sein. Und der Schütze und sein oder seine Mitfahrer müssen auch auf zwei Kilometern gegen den Wind nach Kordit riechen."

„Wenn wir das Auto hätten", sagte Dolezal, „könnten wir jede Menge Schmauchspuren darin finden. Und vielleicht auch die MPi, wenn die Täter die nicht unterwegs irgendwo hinausgeschmissen oder in die Donau gehaut haben."

„Da müsst es aber schon mehrere Wunder geben, dass wir den Tatwagen finden, Burschi. Und die gibt es halt nur in den Religionen, aber nicht für uns."

„Und das Auto wird wahrscheinlich gestohlen sein. Das haben s' sicher irgendwo stehen gelassen oder in die Donau oder ein anderes tiefes Wasser gefahren. So schaut es aus", sagte Lassinger.

Trautmann ging zu dem von den meisten Schüssen getroffenen Opfer, das bisher von den Tatortleuten abgeschirmt worden war und mit dem sich jetzt die Gerichtsmedizinerin beschäftigte. Er schaute sich aus zwei Schritten Entfernung den Körper der Frau an, der mehr einer mit Kleidungsfetzen durchmischten Fleischmasse als einem Menschen ähnelte.

Trat noch näher, betrachtete den seitlich verdrehten Kopf, dann, von der anderen Seite, das unverletzte Gesicht. Blieb stocksteif stehen, nahm die Brille ab und starrte vor sich hin. Setzte nach einigen Sekunden die Brille wieder auf und sagte: „Ich kenn die Frau da. Das ist die Schlagring-Geli."

„Wer?", fragte der hinzutretende Sporrer. „Was für eine Geli?"

Die Gerichtsmedizinerin richtete sich auf und fragte Trautmann ebenfalls: „Schlagring-Geli? Kennst du die Tote?" Und als Trautmann nickte: „Hat sie noch einen anderen Namen?"

Trautmann schluckte, ehe er antwortete. „Die Alte kenn ich wie mich selber. Sie heißt Angelika Florian. Aber ich und ein paar alte Kollegen und die Alten aus der Szene kennen sie als Schlagring-Geli. Sie muss da in der Nähe wohnen. Sie ist auf oder ab an die sechzig oder ein bissl drüber. Sie war früher einmal eine *Koberin*, die einzige Zuhalterin im Straßenstrichgeschäft. Hat ein halbes Dutzend Mädeln für sich rennen lassen, war aber selber eine Lesbe. Jetzt war sie aber, so viel ich weiß, nimmer im Geschäft. Das Kleinzeug", erklärte er, „machen jetzt zwar immer noch ein paar einheimische *Burenhäutlzuhalter*, aber die große *Hackn* die straff organisierten Partien aus den Ostländern. Jetzt rennt die Hurerei ja global, und unsere früheren Macher *haben* jetzt voll *den Hahn.*"

Und nach einer Pause: „Ihren Spitznamen hatte die Geli, weil sie sich von den männlichen Zuhaltern nichts gefallen lassen hat und, wenn es nicht anders gegangen ist, gleich mit einem Schlagring da gewesen ist. Sie hat seinerzeit auch zwei schwere Körperverletzungen gehabt, ist aber jedes Mal frei ausgegangen, weil ihr Anwalt ein Weltmeister war und die Geschichten als berechtigte Notwehr hingedreht hat. Die anderen Zuhalter, die sie blutig gehaut hat, haben darüber die Goschen gehalten, wie sich das unter *Galeristen* gehört."

„Dann ist es möglicherweise einer der damals Verletzten, der jetzt geschossen hat", mutmaßte Lassinger.

„Aber wo denn her, Franzi. Die beiden sind entweder schon tot oder kurz vor dem Abkratzen. Die müssten jetzt an die neunzig sein. Und die Zuhalter, was die Geli damals nicht angezeigt haben, hätten sich gleich revanchiert – aber nicht mit einer MPi. So was ist in der Galerie nicht üblich. Und außerdem kann mit so einer *Flak* nur ein gestandener Mann umgehen. Weil da tut sich ja was, wenn man in ein paar Sekunden so einen Haufen Schuss außeblast. Da muss man schon was *in die Ärmeln haben*. Da ist für einen alten Deppen nichts mehr drin. Nein, das da heute Franzi, das waren andere. Profis."

Sporrer nickte. „Das meine ich auch. So was machen nur ausländische Profis und keine einheimischen Schwammerlbrocker. Das ist aber schon alles, was wir wissen. Wer die sind, von wo sie gekommen sind und wer sie beauftragt hat und warum, wissen vorläufig nur die Götter."

„Aber indem's keine Götter gibt, wissen's die auch nicht", sagte Dolezal.

Trautmann bekam wieder seinen gefürchteten stumpfen Blick und brummte grimmig: „Aber ich werd es eines Tages wissen. Und dann können die *abmarkieren*. Wer meine Geli so auseinanderschießt, hat bei mir kein Leiberl mehr."

Sporrer schaute ihn an. „Das hab ich jetzt nicht gehört, Trautmann. Wir sind keine Rächer, sondern Beamte. Ist dir das klar?"

„Ja. Das hab ich schon einmal gehört. Aber hören tut man ja viel, Chef."

23

Um 13.00 Uhr war in der Venediger Au wieder Ruhe eingekehrt. Das Blut und die Kreidezeichnungen dort, wo die Toten und Verletzten gelegen waren, waren abgewaschen, sämtliche Fleisch- und Hautfetzen, Knochenteile, die abgesprungenen Fassadenstücke und die Einkäufe der Florian entfernt worden. Nur ein paar zerbrochene Fensterscheiben und die Einschüsse an den Fassaden zeugten von dem, was geschehen war.

Die Tatortgruppe hatte fünfzehn nur schwach verformte Projektile und zehn plattgedrückte Querschläger sichergestellt. Die beiden toten Frauen waren in die Gerichtsmedizin gebracht worden. Der Polizeipräsident und der Wiener Polizeichef waren in ihre Büros zurückgekehrt. Der Bezirksvorsteher saß wieder hinter seinem Schreibtisch im Amtshaus, und die Inspektionskommandanten samt ihren Leuten waren wieder in ihren Dienststellen.

Die Gruppe Trautmann führte in der Venediger Au die ersten Ermittlungen durch.

Oberstleutnant Sperl, der junge Staatsanwalt und Oberst Sporrer hatten sich zu einer vorläufigen Analyse der bisher bekannten Fakten und einer ersten Besprechung in der Ast Zentrum/Ost zusammengesetzt.

Der sehr junge Staatsanwalt hatte als künftiger Leiter der Amtshandlung zwar offiziell den Vorsitz, hörte aber im Grunde nur den beiden Älteren zu. Weder Sporrer noch Sperl hatten trotz ihrer langen Dienstzeiten mit so einem geradezu kriegsmäßigen Vorfall zu tun gehabt, waren sich aber darüber einig, dass der Anschlag zielgerichtet der Florian gegolten hatte. Sie beschlossen, dass die Gruppe Trautmann, die ja bereits tätig war, zunächst weiterhin die vorläufigen Ermittlungen am Tatort und in seiner Umgebung durchführen sollte. Und man wollte die vorläufigen Auswertungsergebnisse der Tatortgruppe abwarten, vor allem ob die bereits eingeleitete Großfahndung nach einem mittelgroßen, dunklen Pkw mit getönten Scheiben einen Erfolg brachte.

Sporrer hielt diese Großfahndung für eine Fleißaufgabe und sagte: „In Wien fahren Dutzende solcher Autos und mehr noch herum, und wenn der Wagen vielleicht nur eine getönte Windschutzscheibe gehabt hat, sind es Hunderte. Und auf das Kennzeichen hat in der Aufregung ja keiner der Augenzeugen geachtet."

„Versuchen muss man es aber trotzdem", meinte Sperl, der sich aber insgeheim von der Fahndung auch keinen Erfolg versprach.

Im Verlauf dieser Fahndung wurden drei mittelgroße Pkws mit getönten Scheiben gestoppt und durchsucht. Im ersten saß ein bekannter Strafverteidiger mit seinem gefährlich aussehenden Staffordshireterrier Xandi, der aber nach Meinung des Strafverteidigers „eine Seele von Hund" war. Im zweiten ein UNO-Diplomat mit seiner Frau und im dritten eine siebzigjährige Pensionistin. Natürlich waren alle drei Autos sauber und deren Insassen unverdächtig. Dann wurde noch eine Großraumlimousine gestoppt und kontrolliert, in der ein niederösterreichischer Landtagsabgeordneter und sein Chauffeur saßen, die ebenfalls unverdächtig waren.

Was die Tatwaffe anlangte, war man auch auf Vermutungen angewiesen.

Laut Analyse der Tatortgruppe und eines Sachverständigen konnte es möglich sein, dass die Schüsse aus einer deutschen Heckler & Koch, MPi 5, abgegeben worden waren.

Die MPi war aber eigentlich eine Polizeiwaffe, aus der in etwa drei Sekunden dreißig Schüsse abgefeuert werden konnten. Die Reichweite dieser Waffe betrug an die 1.300 Meter. Dass sie sich in der Hand eines Privaten befand, war eher unwahrscheinlich. Aber noch unwahrscheinlicher war natürlich, dass ein Polizist mit ihr geschossen hatte. Aber die fragliche MPi musste auch nicht unbedingt eine Heckler & Koch, sondern konnte auch ein anderes Fabrikat gewesen sein.

Trautmann wusste bereits, in welchem Haus der Venediger Au Angelika Florian gewohnt hatte, und befragte die Hausbewohner.

Dolezal und Lassinger sprachen, so weit erreichbar, mit den Passanten, die während der Schießerei am Tatort anwesend gewesen waren und die mögliche Augenzeugen waren. Sie hörten von denen aber nur wie üblich widersprüchliche Aussagen.

Bei Befragungen von möglichen Augenzeugen stellte sich ja fast immer heraus, dass es unter ihnen welche gab, die behaupteten, etwas gesehen zu haben, obwohl das nicht stimmte. Sie wollten sich durch ihre Angaben nur wichtig machen. Und tatsächliche Augenzeugen machten selten die gleichen Angaben, jeder beschrieb den Vorfall und die handelnden Personen anders.

Das war natürlich auch jetzt so.

Dolezal und Lassinger erfuhren, dass in dem Auto entweder zwei, drei oder auch vier Personen gesessen waren. Einer der Befragten war sich sogar sicher, dass in dem Auto nur ein Mann gewesen war, der sowohl gelenkt wie auch geschossen hatte. Auch die Angaben über das Aussehen der Männer differierten. Es konnten Türken, Araber, aber auch Österreicher gewesen sein. Einig war man sich nur darin, dass es kein Frau gewesen war, die geschossen hatte.

Einige der sogenannten Tatzeugen hatten die Florian vom Sehen her gekannt, andere überhaupt nicht.

Später erfuhr Dolezal in der Supermarktfiliale auf der Ausstellungsstraße, dass die Florian dort als gute Kundin bekannt gewesen war. Sie hatte der jeweiligen Kassierin, was zwar verboten war, manchmal ein Trinkgeld zugesteckt und allen zu Weihnachten kleine, hübsch verpackte Geschenke gegeben. Eine Kassierin sagte aus, dass die Florian, die sehr redselig gewesen sei, ihr erzählt hatte, dass sie früher in dem Doppelhaus auf der Praterstraße gewohnt habe und erst vor fünf Jahren, nach dem Tod ihre Mannes, als Witwe in die Venediger Au umgezogen sei. Dieser Kassierin war auch aufgefallen, dass die

Florian als alleinstehende Frau manchmal viel zu viel für eine Person eingekauft hatte.

„Immer, wenn sie das gemacht hat", sagte sie, „ist sie dann ein paar Tage nicht einkaufen gewesen. Aber sonst ist sie jeden Tag gekommen."

Das kam Dolezal, der ja von Trautmann wusste, dass die Schlagring-Geli lesbisch und früher eine Koberin gewesen war, merkwürdig vor. Denn eine solche Frau würde vermutlich nicht heiraten. Und auch dass sie mitunter mehr eingekauft hatte und dann ein paar Tage nicht ins Geschäft gekommen war, hatte etwas Schiefes. Irgendwas stimmte bei dieser Geli nicht. Aber ob so oder so, sie war jedenfalls nicht mehr jung und auch nicht mehr im Geschäft gewesen. Es gab überhaupt keinen stichhaltigen Grund dafür, dass sie am helllichten Tag auf einer belebten Straße erschossen worden war.

Das sagte Dolezal auch Lassinger, der der gleichen Meinung war. Und der fügte noch hinzu, dass diese eindeutige Hinrichtung der Schlagring-Geli wohl nicht nur ihren Tod zur Folge haben, sondern noch etwas anderes bedeuten sollte.

„Mir kommt das so vor, wie wenn da einer sozusagen ein Exempel hat statuieren wollen. Die wollten unbedingt Aufsehen erregen. Irgendwer soll wissen, dass die Florian, und vielleicht auch von wem und warum, umgebracht worden ist."

„Kann schon sein", sagte Dolezal. „Fragt sich nur, warum einer eine ältere Frau, die nichts mehr mit irgendeinem Geschäft zu tun gehabt hat, zusammenschießt."

„Möglich ist alles, Burschi. Auch das, was normal nicht möglich ist. Wenn in dem Auto vielleicht Türken waren, könnte es sein, dass die Florian wieder in ihr Geschäft zurückwollen hat und sich bei einem Türkenmädel umgeschaut hat. Und der ihre Familie hat dann sozusagen einen Ehrenmord begangen."

„Das glaub ich nicht, Franzi. So was wär schon überdrüber. So was würd sich nur ein Ultrarechter oder Neonazi, also ein Vollkoffer, ausdenken. Und wenn das nur halbwegs stimmen tät, dann tät ein Türke das nicht mit einer MPi machen. Die Türken arbeiten bei so was entweder mit den Händen, einer Schlinge oder einem Messer, aber schießen tun s' nicht. Und jetzt setzen wir uns ins Café Billard."

„Vor drei Wochen hat aber ein Türke einen anderen beim Entlastungsgerinne erschossen."

„Ja, aber mit keiner MPi, sondern mit einer 7.65er."

„Auch wahr. Ja, setzen wir uns jetzt ins Café neben dem Supermarkt und warten auf den Trautmann. Vielleicht hat der im Wohnhaus der Florian was erfahren."

Lassinger rief per Handy Trautmann an und sagte ihm, wo sie auf ihn warten würden. Dann gingen sie in das Café, bestellten sich je eine Melange und begannen eine Partie Billard zu spielen, bei der sich zum stillen Gaudium eines zuschauenden wirklichen Billardspielers herausstellte, dass Dolezal stümperhaft spielte und Lassinger überhaupt völlig daneben war.

Das veranlasste den Zuschauer zu sagen: „Wissts was, Burschen: Hauts die Kugeln in ein Lavoir, dann rennen s' auf alle Fälle z'samm."

Dolezal und Lassinger taten, als hätten sie das nicht gehört und spielten weiter, bis Trautmann kam. Der bestellte sich einen extrakurzen Espresso mit Rum, rollte sich die dreißigste Zigarette an diesem Tag, an dem er, wie er sagte, eh kaum zum Rauchen gekommen sei, weil an Tatorten ja strengstes Rauchverbot herrsche.

Das gab es zwar, wie ihm der Kellner sagte, wegen der Trotteln von der EU auch in diesem Café, es wurde aber von den meisten Stammgästen nur halbherzig oder gar nicht eingehalten.

„Aber Sie wissen ja eh, wie das ist", sagte der Kellner, der Trautmann kannte. „Sagen muss man es halt den Gästen und auf alle Tische Taferln mit einer durchgestrichenen Zigarette stellen, damit das Kind einen Namen hat, Inspektor."

„Chefinspektor ist der", rief Dolezal dem Kellner zu. „Chefinspektor!"

Trautmann schaute den Kellner an, zog sein linkes unteres Augenlid herunter, zündete sich die Selbstgerollte an und sagte zum Kellner: „Otto, hör nicht auf den Hirnwichser. Was der sagt, zählt null. Inspektor ohne Chef genügt."

Er setzte sich an einen Tisch, paffte und deutete mit einer Handbewegung Dolezal und Lassinger, sich ebenfalls zu setzen.

„Also", fragte Dolezal, „wie war es in dem Haus? Hast was über die Schlagring-Geli erfahren? Ich hab gehört, sie soll verheiratet gewesen sein und erst vor ein paar Jahr in die Venediger Au gezogen sein."

„Das stimmt nicht, Burschi. Die Geli war nie verheiratet. Da hat dir einer einen Schmäh erzählt. Das mit dem Umzug stimmt, das hab ich auch gehört. Aber dass die Geli verheiratet war, ist erfunden."

„Das hat sie aber einer Kassierin im Supermarkt selber erzählt."

„Dann hat s' halt gelogen. Die war eine hundertprozentige Lesbe und hätt sich lieber aufgehängt als für einen Mann die Füß aufzustellen. Vielleicht hätt sie jetzt geheiratet, seit Schwule und Lesben das dürfen. Ist aber wurscht."

Trautmann rollte sich bereits die nächste Zigarette und sagte: „Ich hab von verschiedenen Mietern über sie Folgendes erfahren: Sie war, seit sie dort wohnte, unauffällig, zwar freundlich, aber keine Tratschen. Hat nur das Notwendigste mit den anderen geredet, über sich aber nie. Dem Hausmeisterehepaar, Serben mit einem Kind, hat sie zu Neujahr immer ein zu großes Trinkgeld und dem Kind was Süßes gegeben. Und den Mistküblern und Rauchfangkehrern und was halt sonst alles zu Weihnachten wünschen und abkassieren kommt, hat sie, auch das wussten die Hausleut, immer ein Trinkgeld oder ein paar Flaschen Wein geben. Ich hab nur mit den älteren Leuten geredet, weil die sind schon lang im Haus. Sonst gibt es nur relativ neue Mieter, die von der Geli nicht einmal gewusst haben, dass es sie überhaupt gibt. Ja, und nur ein einziger Mann, so um die sechzig, hat sich über sie ausgelassen und gesagt, sie ist ungut gewesen. Ich hab aber erfahren, dass der von ihr was wollen hat, und das ist bei der Geli halt nicht hineingegangen. Ihre Nachbarin, eine Tratschen bis dorthinaus, hat mir gesagt, dass die Geli ab und zu Besuch von einer älteren Frau gekriegt hat, die dann ein paar Tage bei ihr war. Und sie selber war auch manchmal ein paar Tage weg. Wo sie da war, hat die Nachbarin nicht gewusst. Aber jedenfalls hat sie gesehen, sagt sie, dass, als der Besuch gekommen ist, sich die zwei Frauen bei der Begrüßung geküsst haben, und beim Verabschieden auch wieder. Das will die Nachbarin per Zufall einmal bemerkt haben, aber ich hab den Eindruck, dass diese Frau alles und jeden im Haus ausspioniert, weil sie über alle möglichen Leute ganze Litaneien hat erzählen wollen."

„Solche Schastrommeln gibt es überall", sagte Dolezal. „Wie Sand am Meer. Auf das braucht man nicht hören."

Lassinger stimmte ihm zu und meinte, es wäre vielleicht nicht uninteressant zu wissen, wer die Besucherin Gelis war. Eine platonische Freundin oder auch eine Lesbe? Oder vielleicht eine von den Prostituierten, die früher für die Florian auf den Strich gegangen waren? Oder …? Andererseits war das sicher nicht wichtig. Oder doch?

„Kann sein, kann nicht sein", sagte Trautmann und bestellte sich noch einen Espresso, diesmal aber ohne Rum.

Er dachte: Wäre schon interessant, zu wissen, wo die Florian sich aufgehalten hat, wenn sie manchmal einige Tage weg war. Irgendwo wird sie schon gewesen sein, aber das kann mit ihrer Ermordung kaum was zu tun haben.

Und dann gab es ja bei jedem Menschen was, was ihm wichtig, und was, was ihm unwichtig war. Irgendeine Leiche hatte fast jeder im Keller. Er selber ja auch. Das waren eben Geschichten, die keinen was angingen. Gläserne Menschen gab es nur im Museum.

„Vorläufig interessiert mich nicht", sagte Trautmann „wohin die Geli immer für ein paar Tage gegangen ist. Um das kümmern wir uns später. Jetzt interessiert mich nur das, was wir bis jetzt wissen, und das ist die Gegenwart. Es hat", fügte er hinzu, „einmal einen chinesischen Zen-Meister gegeben, der auf die Frage eines jungen Mönchs, was das Wesen der Buddhaschaft sei, geantwortet hat: ‚Geh und wasche deine Schale aus.' Die zwei", erklärte er, „haben nämlich gerade miteinander Tee getrunken und der Meister hat mit seinem Spruch gemeint, der Mönch soll sich keine Gedanken über Vergangenes oder Zukünftiges machen, sondern das Nächstliegende tun. Und für uns heißt das, dass wir jetzt zahlen und ins Koat fahren. Und uns anhören, was die dort ausgeknobelt haben. Vielleicht wissen sie schon mehr als wir."

„Ja", ätzte Dolezal, „was die ausknobeln und zu wissen glauben, ist nichts als ein Schas mit Quasteln. Bitte, nichts gegen unseren Chef. Der hat schon was drauf. Aber die meisten anderen Leitenden wissen nur, dass sie mehr Gehalt als wir kleine Lichteln kriegen und dass sie, wenn s' eine Uniform tragen, statt Silber Gold am Kragen haben. Und die Staatsanwälte, die ja jetzt bei uns das große Wort führen, sind weisungsgebunden und müssen die Pappen halten, wenn's von oben angeordnet wird. Das Einzige, was s' wirklich wissen und auch uns gegenüber dokumentieren dürfen, ist, in welcher Hand sie ihren Kugelschreiber halten."

Trautmann sagte nichts darauf, weil der Burschi ja nicht so unrecht hatte. Natürlich gab es ausgezeichnete Leitende und auch den einen oder anderen wirklich guten Staatsanwalt, aber die hatten ihre Dienstinstruktionen und Weisungen von oben, und das war es. Nirgends stand geschrieben, dass die Ranghohen auch denken mussten.

Wirklich was auf dem Kasten hatten nur Kiberer, die alte Hund waren, und manche Verteidiger, wie der Hauser mit seinem Hund Xandi und noch ein paar andere, die einen vor Gericht wie einen Halbtrottel hinstellen konnten.

Er winkte dem Kellner und sagte zu Dolezal und Lassinger: „So. Und jetzt wird gegangen, Kinder. Für uns spielt jetzt im Koat die Musik."

24

Als Trautmann, Dolezal und Lassinger ins Kommissariat kamen, waren Oberstleutnant Sperl und der junge Staatsanwalt bereits gegangen.

Sporrer erwartete seine Leute leicht ungeduldig und fragte sie sofort, ob sie etwas Nahrhaftes erfahren hatten.

„Nein", antwortete Trautmann. „Oder zumindest nicht viel. Die Geli war in ihrem Haus ein mehr oder weniger unbeschriebenes Blatt. Keiner hat gewusst, dass s' früher eine Koberin gewesen ist. Ganz nett war sie, haben die meisten gesagt. Unauffällig. Und den Kassiererinnen im Supermarkt und den Hausmeistern hat sie immer ein schönes Trinkgeld gegeben. Und ihre Nachbarin hat mir erzählt, dass manchmal eine Frau, eine Freundin oder Verwandte oder sonst wer, für ein paar Tage zur Geli auf Besuch kommen ist und sich die zwei beim Kommen und Fortgehen auf'm Gang noch geschwind abgeschmust haben."

Sporrer nickte. „Na, bei Lesben ja was Normales. Aber auch andere Frauen küssen sich ja gerne weiß ich wie ab."

Trautmann rollte sich eine Zigarette und fragte Sporrer: „Und was hat sich bei euch getan?"

„Auch nicht viel. Wir haben festgestellt, dass die erschossene Frau, die die Burka angehabt hat, eine iranische Asylantin war. Fatimah Chajjam, 22, ledig, und mit ihren Eltern in der Ausstellungsstraße wohnhaft. Der Mann mit dem Herzinfarkt hat Leopold Mitterhuber geheißen, war 62, verheiratet, hat in der Stuwerstraße gewohnt. Die Angehörigen der beiden sind bereits verständigt worden. Die Eltern von der Chajjam haben durchgedreht und das ganze Haus voller Asylanten ist zusammengelaufen und hat sich aufgeführt. Dem Mitterhuber seine Witwe hat es ruhig aufgenommen. So viel zu den Toten. Und außerdem ..."

Sporrer brach ab, weil das Telefon auf Trautmanns Schreibtisch läutete.

Der hob ab, meldete sich, horchte ein paar Minuten dem, was der Anrufer sagte, zu, winkte Dolezal ab, der unbedingt wissen wollte, wer am Apparat war, und fragte dann: „Aber geh – total ausbrennt, sagst du? Wo steht es denn?"

Horchte wieder und sagte dann: „Okay, beim Hirschstettner Badeteich, in der Spargelfeldstraße. Wir werden uns die Sache anschauen, Guggi. Bis wir kommen, soll einer von deinen Leuten das Wrack bewachen, damit nicht wer dran herumstierlt. In zwanzig Minuten werden wir und unsere Tatortler dort sein. Du hast gute Leute. Die kriegen ein Busserl von mir. Also, bis dann, Guggi."

Er legte auf und sagte: „Der Guggi war's. Der Chef von der Ast Nord. Seine Leut haben wahrscheinlich das Tatfahrzeug gefunden. Einen dunkelblauen Hyundai, aber total abbrennt. Das hintere Nummernschild ist noch zu lesen. Die Donaustädter haben herausgefunden, dass der Wagen heut in der Nacht vor einem Haus in der Raffenstättergasse gestohlen worden ist."

„Scheiße", sagte Lassinger. „Da wird kaum mehr was drin zu finden sein."

Trautmann drückte seine Zigarette aus und stand auf. „Wurscht. Hinfahren müssen wir trotzdem. Ich und du und die Burschen vom Tatort."

„Eines noch, bevor ihr fahrt", sagte Sporrer. „Der LKA-Mann und ich haben uns Gedanken über den Zusammenhang zwischen den Morden in der Essiggasse und in der Czerningasse und mit dem an der Schlagring-Geli gemacht und glauben an die Möglichkeit, dass die alle miteinander in Verbindung stehen. Die Fälle Fülöp und Grigorescu und unter Umständen auch Florian' könnten was miteinander zu tun haben."

„Aber die zwei Männer sind geköpft und die Frau heute ist erschossen worden", wandte Lassinger ein.

„Schon. Aber alle drei haben was mit dem Rotlichtmilieu zu tun gehabt. Die Männer jetzt und die Frau halt früher einmal", sagte Sporrer.

Trautmann stand bereits an der Zimmertür. „Das ist, wie wenn man Äpfel mit Birnen vergleicht und sagt, alle zwei sind ja Obst. Na, ob so oder so, entweder wir erfahren es oder auch nicht. Jetzt fahren jedenfalls ich, der Franzi und die Tatortler erst einmal in die Donaustadt."

Und zu Lassinger: „Also, gemma, Franzi. Kalt ist's nicht. Abmarsch."

Trautmann und Lassinger verließen das Zimmer, während Sporrer die Tatortgruppe anrief und informierte.

„Eines, Chef", sagte Dolezal nachdenklich zu Sporrer. „Ob die Morde jetzt zusammengehören oder nicht – allen drei Opfern wurde doch regelrecht aufgelauert. Wie haben der oder die Täter denn wissen können, wo die sich gerade aufhalten? Und wenn, von wem hat er oder haben sie es gewusst? Erstens. Und zweitens – der oder die Täter müssen genau gewusst haben, wem sie die Schleifen geben sollen. Die müssen sie gekannt oder Fotos von denen gehabt haben. Oder wie siehst du das, Oberst?"

„Jedenfalls waren in allen drei Fällen Auftragskiller am Werk. Aber dann frag ich mich: Wer hat sie engagiert? Und es stimmt, was der Lassinger gesagt hat: Warum haben sie die zwei Männer geköpft, aber die Florian erschossen?"

„Genau", sagte Dolezal. „Irgendwas passt da nicht zusammen. Okay, bei den Männern können es Konkurrenten aus der Szene gewesen sein. Aber warum die Florian? Die hat doch mit dem Geschäft schon längere Zeit nichts mehr zu tun gehabt. Vielleicht haben die drei Morde halt doch nichts miteinander zu tun. Das kann ja auch sein, Chef. Und das gschissene ausbrannte Auto muss ja auch nichts mit der Schießerei in der Venediger Au zu tun haben. Das kann ja auch nur so gestohlen worden sein."

„Eben, Burschi. Darum müssen wir abwarten, ob es in dem abgebrannten Auto überhaupt entsprechende Spuren gibt. Die vielen Schüsse müssen in dem Hyundai doch Spuren hinterlassen haben."

„Richtig. Außer das Auto ist nicht von den Tätern, die wir suchen, sondern von irgendjemand anderem gestohlen und dann angezündet worden", gab Dolezal wieder zu bedenken.

Aber Sporrer war sich sicher, dass der ausgebrannte gestohlene Hyundai das Tatfahrzeug gewesen war. Kein Mensch stahl ein Auto, um es später anzuzünden, außer er wollte dadurch irgendwelche verräterische Spuren vernichten. Zumindest kein halbwegs normaler Mensch. Ein gestohlenes Auto wurde entweder samt dem Dieb von der Polizei aufgespürt oder, wenn es für einen Bank- oder sonstigen Raub verwendet oder von marodierenden Jugendlichen juxhalber gestohlen worden war, einfach irgendwo stehen gelassen.

Das sagte er Dolezal und ging dann in sein Büro, um dort weiter alle möglichen Varianten durchzuventilieren.

Dolezal schaltete seinen Computer ein und vertiefte sich in eine der verbotenerweise in einer besonderen Datei unter dem Kennwort „Sp.doc" von ihm abgespeicherten Weltmeisterpartien im Schach. Es war jene legendäre Partie auf dem Bildschirm zu sehen, in der 1963 Petrosjan den bisherigen Weltmeister Botwinnik geschlagen hatte und danach sechs Jahre lang Weltmeister gewesen war, dann aber Spasski hatte weichen müssen.

25

Trautmann, Lassinger und die Tatortgruppe wurden in der Spargelfeldstraße von zwei Polizistinnen, dem Chef des zuständigen Kriminalkommissariats Nord und vom in der Zwischenzeit verständigten, wegen des Verlusts hysterischen Besitzer des Pkws erwartet.

„Um die Erd könnt ich mich hauen", jammerte der. „Ich hab mir den Wagen mit getönten Scheiben und anderen Extras erst vor einem Vierteljahr gekauft! Da scheiß ich drauf! 22.000 Euro hat mich der Hyundai ix35 gekostet! Ein Weltauto! 136 PS und fünf Jahre Garantie! Und dann stiehlt ihn mir so ein Verbrecher und zündet ihn auch noch an! Wenn S' den erwischen, gehört der auf der Stelle derschossen!"

„Bleiben S' ruhig", sagte Trautmann. „So schnell schießen wir nicht. Und die Kraxen wird ja eh versichert sein. Teil- oder Vollkasko?

„Voll. Und Kraxen ist das keine."

„Na, jetzt schon", sagte Trautmann trocken. „Außerdem kriegen S' ja eh einen neuen und die Geschichte hat sich gehoben."

In einiger Entfernung vom ausgebrannten Auto, von dem nur ein Stahl- und Blechskelett, zermatschte Reifen, zerflossene Sitze und Teile der Innenausstattung sowie die hintere Kennzeichentafel übrig geblieben waren, hatten sich Neugierige versammelt, die untereinander sinnlose

Vermutungen über das, was passiert war, austauschten. Keiner von ihnen hatte gesehen, wann und von wem der Hyundai abgestellt und angezündet worden war.

Die Leute der Tatortgruppe fotografierten das Wrack. Und bei der genauen Untersuchung des zerstörten Innenraums gelang es ihnen schließlich, eine Patronenhülse 9 mm Para zu finden. Alle anderen hatten die Täter wohl unterwegs, vermutlich stückweise, weggeworfen; oder in einem Müllcontainer am Straßenrand entsorgt – wenn sie die Hülsen nicht mitgenommen hatten, um sie später loszuwerden.

Der intensive Pulvergeruch nach Kordit, den die auf engstem Raum abgefeuerten Schüsse hinterlassen haben mussten, war durch den Brand nicht mehr vorhanden und konnte daher als Beweismittel nicht herangezogen werden. Deswegen hatte man das Auto wohl abgefackelt. Zum Glück war diese eine Hülse von den Tätern übersehen worden. Somit konnte der ausgebrannte Pkw eindeutig als Tatfahrzeug identifiziert werden.

Als Trautmann und Lassinger ins Kommissariat zurückkamen, war nur Dolezal da. Sporrer war, wie Dolezal berichtete, stante pede in die Polizeidirektion befohlen worden. Vorher hatte er aber noch ermittelt, dass Angelika Florian keinerlei Erbberechtigte hatte und bei keinem Notar testiert hatte.

Dolezal gab auch Sporrers Weisung weiter, dass sich Trautmann in der Wohnung der Florian umschauen solle, um dort eventuelle Hinweise darauf zu finden, warum die

Frau erschossen worden war. Die Spurensicherung hatte die Wohnung jetzt freigegeben.

Trautmann machte sich gleich auf den Weg und Lassinger setzte sich hin und schrieb einen Bericht über den Einsatz bei dem gestohlenen und ausgebrannten Hyundai ix35.

Dolezal lud sich die nächste Weltmeisterschachpartie auf den Bildschirm, kam aber nicht dahinter, warum die mit einem Patt geendet hatte, und dachte sich resigniert, dass seine Liebe zum höheren Schach wohl für immer unerfüllt bleiben würde.

Trautmann fuhr also noch ein Mal zum Wohnhaus der Schlagring-Geli, suchte die Hausbesorgerin auf und bat sie – weil er dieses Mal jedes Risiko vermeiden wollte –, ihn in die Wohnung der Ermordeten zu begleiten. Würde er die Wohnung allein betreten, könnte irgendein Polizeihasser oder ein Typ von der Internen Kontrolle danach behaupten, er hätte dort etwas Wertvolles verschwinden lassen. Wenn ein Polizist allein eine Wohnung durchsuchte, lag das ja im Bereich des Möglichen. *Vernaderer*, und das, was Arthur Schnitzler ‚selbstlose Gemeinheit' genannt hatte, gab es ja nicht nur in Wien massenhaft. Zu viele Leute freuten sich, wenn sie einen anderen in Schwierigkeiten bringen konnten, auch wenn der noch so unschuldig war.

Die Wohnung von Angelika Florian bestand aus Vorzimmer, Badezimmer, Küche und zwei weiteren Zimmern und war sauber gehalten. Außer im Badezimmer gab es überall Fotos von jungen Frauen, die, so vermutete Trautmann, früher für die Geli auf den Strich gegangen waren. In den Kästen gab es die übliche Garderobe einer älteren Frau. PC war keiner vorhanden, wohl aber ein Laptop, den er ins Koat mitnehmen wollte, damit sich die Kollegen mit dem, wie Trautmann meinte, Scheißzeug befassen konnten.

In dem mit einem Doppelbett ausgestatteten Schlafzimmer fanden sich im Nachtkästchen die persönlichen Papiere der Florian, ihre E-Card, ein paar unleserliche Arztrezepte, eine Bankcard für das Girokonto, ein Folder mit Bankauszügen und ein Sparbuch von der Raiffeisenbank, das einen Stand von 14.800 Euro auswies.

Er verpackte den Laptop in einen mitgebrachten Plastiksack und die persönlichen Papiere und die Banksachen in Plastikbeuteln und verließ mit diesen, begleitet von der Hausbesorgerin, die Wohnung.

Er überklebte Wohnungstür und Türstock mit dem üblichen Polizeisiegel und ließ die Hausbesorgerin gehen.

Allein auf dem Gang hörte er hinter der Wohnungstür der Nachbarin ein leises Klappern als Zeichen dafür, dass ihn die Frau sowohl beim Kommen wie auch beim Verlassen der Wohnung durch das Guckloch beobachtet hatte.

Er ging zum Gangfenster, öffnete es, drehte sich eine Zigarette und zündete sie an. Machte sich dabei alle möglichen Gedanken über die Geli und warum ausgerechnet sie ganz gezielt erschossen worden war. Das musste doch einen Grund haben.

Es gab natürlich auch ab und zu scheinbar grundlose Schießereien, wie die vor einem halben Jahr. Ein schwer Betrunkener, der nach seiner Festnahme gelallt hatte, er habe juxhalber mit einem Revolver aus seinem offenen Fenster geschossen, hatte dabei einen jungen Mann, der zu Fuß unterwegs gewesen war, tödlich getroffen.

So was kam schon vor, und ebenso, dass einer Amok lief und wild um sich schoss, wobei es Tote und Verletzte gab. Und es waren, zwar selten, aber doch, bei Unterweltsfehden Missliebige durch Schüsse aus einer MPi erledigt worden – wie vor Jahren in der innerstädtischen Krugerstraße. Aber das waren immer aktive Männer aus der Szene und keine ältere Frau wie die Geli gewesen, die noch dazu schon lange nicht mehr im Geschäft, also harmlos, gewesen war und wohl keinem einen Grund geliefert hatte, sie zu töten.

Aber war die Geli vielleicht doch noch irgendwie in der Rotlichtszene tätig gewesen? Oder hatte sie etwas über einen der derzeitigen Bosse gewusst, was den entweder ins Gefängnis oder auf die Abschussliste der Konkurrenz hätte bringen können?

Nur: Wer konnte davon eine Ahnung gehabt haben? – Vielleicht die Frau, die die Geli manchmal besucht hatte? Wer aber war diese Frau? Ebenfalls eine Lesbe – oder?

Aber vielleicht konnte sie die neugierige Nachbarin ein bisschen genauer beschreiben? Oder sie erkannte sie auf einem erkennungsdienstlichen Foto wieder, wenn diese Frau, was ja möglich war, bereits mit der Polizei zu tun gehabt hatte und so erfasst worden war.

Trautmann warf die aufgerauchte Selbstgerollte aus dem Gangfenster und läutete bei der Nachbarin an.

Die öffnete sofort ihre Wohnungstür und keppelte: „Sie schon wieder! Und in der Wohnung der Florian waren S' auch. Mit der Hausmeistertschuschin, die was sich um unser Geld ein gutes Leben macht! Und jetzt verstinken S' mit Ihnerer Raucherei den ganzen Gang! Was wollen S' denn jetzt schon wieder? Hat man denn als anständiger Mensch nie von der Polizei eine Ruh?!"

„Ich will eh nichts, liebe Frau Huber. Ich hab nur eine Frage: Können Sie die Besucherin der Florian so gut beschreiben, dass wir ein Phantombild machen können? Oder vielleicht erkennen Sie sie auf einem Foto aus unseren Sammlungen?"

„Nein. Ich bin schon zu alt zu so was, seh auch nicht mehr so gut und will weder mit irgendwelchen Frauen oder Verbrechern oder der Polizei was zu tun haben. Mir hat seinerzeit einmal der Bundeskanzler Kreisky die Hand gegeben und liebe Genossin zu mir gesagt! Auf das bin ich heut noch stolz. Weil der Genosse Bruno war … Aber mit allen anderen Leut, ob gezeichnet oder nicht, will ich nichts zu tun haben."

Die Nachbarin wollte ihre Wohnungstür zumachen, aber Trautmann, dem noch etwas vielleicht Brauchbares eingefallen war, hielt den Fuß zwischen Tür und Türstock.

„Nur eines noch: Bald wird die Florian, besser das, was noch von ihr übrig ist, ein Begräbnis kriegen, zu dem vielleicht Leute kommen werden. Aus dem Haus oder so halt. Täten Sie, wenn wir Ihnen ein Taxi und Vergütung zahlen, auch hinkommen und sich die Leute anschauen? Das könnten S' ja von weiter weg machen. Und wenn S' schlecht sehen, täten wir Ihnen ein Fernglas geben, damit Sie wie gestochen scharf sehen. Und dann könnten Sie mir sagen, welche von den Leuten die Frau ist. Erkennen werden Sie sie ja, oder?"

„Wenn ich trotz meine hinigen Augen wen seh, ist er in meinem Hirn wie fotografiert, Inspektor! Für immer, so lang ich lebe! Mein Doktor hat mir einmal gesagt, ich bin eine Eidikerin. Das sind so Menschen, die was …"

„Er wird gemeint haben, eine sogenannte Eidetikerin", fiel ihr Trautmann ins Wort. „Das sind so Leut, die …"

„Sag ich ja", unterbrach ihn die Nachbarin. „Die was nur wo hinschauen und alles sehen, was andere nicht auf den ersten Blick sehen. Aber was ist, wenn die nicht auf den Friedhof kommen tut?"

„Dann haben wir halt Pech gehabt. Aber zumindest können Sie mit dem Taxi fahren und kriegen von uns eine Vergütung für den Aufwand. Und wenn sie doch kommt und Sie sie erkennen, vom Polizeipräsidenten ein Dankschreiben für die wertvolle Unterstützung und die Mitarbeit bei der Polizei."

„Na ja, dann kann ich das ja machen, wenn es so weit ist", sagte Frau Huber nach einer Pause. „Oder zumindest probieren, wenn ich ein Fernglas vor den Augen hab."

Trautmann bedankte sich, ging aus dem Haus und fuhr wieder in die Außenstelle.

Inzwischen war auch Oberst Sporrer aus der Polizeidirektion zurück und berichtete, dass der Präsident und dessen engster Mitarbeiterstab beschlossen hätten, dass der

Venediger-Au-Fall vorläufig von der Ast Zentrum/Ost und der Autodiebstahl von der Ast Nord bearbeitet werden sollte – außer es tauchten neue Fakten auf, die eine fachbezogene Delegierung dieser Angelegenheit entweder an die Spezialisten des LKA oder jene des BKA erforderten.

Trautmann sagte, wie immer bei solchen dienststellenübergreifenden Fällen, dass die Venediger Au sowieso Sache der Ast Zentrum/Ost und auch die seine sei und dass die obergescheiten Kollegen aus den Kriminalämtern oft genug nicht wüssten, wo hinten und wo vorne bei einer Geschichte war.

Auch Dolezal äußerte sich gallenbitter über die Bauchredner von oben, die sich in alles, was ihrer Meinung nach für „die Trotteln aus den Bezirken" zu hoch zu sein schien, einmischten und dabei mögliche Erfolgsaussichten nicht verbesserten, sondern vernichteten.

Das war natürlich übertrieben, drückte aber den Zwist aus, der unterschwellig zwischen den LKA- und BKA-Leuten und den Pflasterhirschen aus den Außenstellen gloste. Im Grunde war dieser Zwist sinnlos, weil es da wie dort ausgezeichnete und weniger vife Beamte gab.

26

Als Trautmann im Kommissariat seinem Chef von seiner Idee erzählte, die Besucherin der Florian während des Begräbnisses von der Nachbarin identifizieren zu lassen, war nicht nur der skeptisch. Auch Dolezal und Lassinger hielten nicht viel davon.

„Das ist", ätzte Dolezal, „zweihundertprozentig trautmannwürdig. Eine alte, halb blinde Frau mit einem *Sprung in der Marille* mit einem Fernglas auf den Friedhof zu stellen, ist hirnrissig. Das machen s' zwar in TV-Krimis, aber dort sind auch Typen am Werk, die von der Realität keine Ahnung haben."

„Es ist zumindest ungewöhnlich. Aber machen können wir es ja", meinte Sporrer, „Probieren geht über Studieren, Burschi. Auch wenn was am Ende nichts bringt, versuchen muss man alles."

Um selber einen ungewöhnlichen Versuch zu starten, kam Sporrer auf die Idee, am nächsten Tag bei der Firma Heckler & Koch sowie bei den deutschen und anderen ausländischen Kollegen in deren entsprechenden Dienststellen anzufragen, ob ihnen irgendwann eine Heckler & Koch-MPi abhanden gekommen war.

Denn diese Waffe wurde ja, wie er wusste, nicht an Privatpersonen, sondern nur an die Polizei oder Sicherheitsfirmen verkauft.

Das brachte ihm nach einigen Stunden zumindest einen gewissen Erfolg, aber die Ermittlungen bezüglich der Venediger Au um keinen Zentimeter vorwärts. Die Firma Heckler & Koch meldete, dass keine MPi 5 abhanden gekommen war. Aber die nordrhein-westfälische Polizeidirektion Duisburg gab bekannt, dass aus ihrem Waffendepot vor einem halben Jahr drei Heckler & Koch MPi 5, vier Pistolen SIG Sauer P6, drei Pistolen SIG Sauer P226 und drei Pistolen Glock 17 gestohlen worden seien. Bisher hätten sie weder die Waffen noch den oder die Täter auszuforschen vermocht. Aber es sei unvorstellbar, dass jemand aus der eigenen Truppe in diese Angelegenheit verwickelt sei.

„Auszuforschen vermocht", ätzte Dolezal. „Wahrscheinlich haben die Piefkinesen ihre Sachen wie auf einem Flohmarkt umeinanderliegen. Hauptsache, die ganzen Krachen sind weg."

Sporrer lächelte. „So was gibt es halt, Burschi. Da wie dort. Zwar nicht bei unserer Polizei, aber dem Bundesheer sind schon ein paar Mal Waffen weggekommen."

Im Falle des Nachlasses der Angelika Florian, für den es keine Erbberechtigten gab, wurde verfügt, dass mit deren in der Raiffeisenbank vorhandenem Geld sowohl die Einäscherung als auch das Grab und die Wohnungsräumung durch die Gemeinde Wien bezahlt werden mussten. Die geringe übrig bleibende Restsumme würde der Republik zufallen.

Die Obduktion, bei der alle Schuss- und die von diesen herrührenden Organverletzungen aufgelistet worden waren, hatte ergeben, dass sechs Schusswunden tödlich gewesen waren. Danach wurde der Leichnam von der Gerichtsmedizin freigegeben.

Die Vorbereitungen zur Kremierung und anschließenden Urnenbestattung der Asche der Toten wurden von der Städtischen Bestattung durchgeführt. Der Tag der Beisetzung wurde der Ast Zentrum/Ost mitgeteilt und im Bestattungskalender der Stadt Wien bekannt gegeben.

27

Am Tag der Beisetzung wurde die mit einem Namensschildchen versehene Urne mit der Asche der Angelika Florian zunächst wie üblich in einem kleinen Raum der Friedhofsverwaltung aufgestellt, damit sich Angehörige, Freunde und Bekannte verabschieden konnten. Anwesend waren die Hausbesorgerin und eine ältere Frau aus Florians Wohnhaus, die Kassierin aus dem Supermarkt, mit der sich die Florian öfter unterhalten hatte, und eine unbekannte Frau.

Trautmann, Dolezal und die bereits mit einem Fernglas von der Polizei ausgestattete Nachbarin der Florian hielten sich abseits der Friedhofsverwaltung auf und beobachteten das Geschehen.

Dann begann das im Volksmund so genannte Armesünderglöcklein dünn zu läuten. Zuerst kam der Urnenträger aus dem kleinen Raum, dem dichtauf die Hausbesorgerin, die ältere Frau, die Supermarktkassierin und die Unbekannte folgten. Der bescheidene Trauerzug bewegte sich zu den neueren Grabgruppen am Rand des Urnenhains.

Trautmann, Dolezal und die Nachbarin folgten der Gruppe in einigem Abstand, gingen aber nur ein kurzes Stück mit, denn die Nachbarin hatte bereits erklärt, dass sie sich absolut sicher sei und auch vor Gericht beschwören könne, dass die unbekannte Frau jene war, welche die Florian manchmal besucht und mit ihr auf dem Gang herumgeschmust hatte.

Trautmann bedankte sich bei der Nachbarin, nahm ihr das Fernglas ab und steckte ihr aus dem für derlei vorgesehenen Fonds der Polizei zwei 50-Euro-Scheine für Taxi und Vergütung ihrer Unkosten zu. Dann telefonierte er um ein Taxi für sie.

Die Nachbarin bedankte sich, ging zum Friedhofsausgang und fühlte sich wie eine verdeckte Polizeimitarbeiterin. Es tat ihr nur leid, dass sie niemandem von ihrer Heldentat würde erzählen können, weil sie ja mit den anderen Hausbewohnern kaum mehr als zwei Worte redete. Die waren ihr nämlich entweder zu jung oder zu blöd oder zu minderwertig, und es war um jedes Wort schade, das man an sie richtete. Ihre einzigen Gesprächspartner waren eigentlich die Wellensittiche Schurli und Burli, die zwar jedes Wort von ihrem Fraudi verstanden, aber nicht antworten konnten, weil sie eben nur Tiere waren.

Dolezal überholte die Trauergemeinde, fotografierte unauffällig erst die gesamte Gruppe und dann noch einzeln die von der Nachbarin identifizierte, noch unbekannte Frau mit seinem Handy und ging zu Trautmann zurück.

„Also", sagte Dolezal, „die Fotos haben wir, und was machen wir jetzt? Nehmen wir uns jetzt diese Frau, was die Schlagring-Geli besucht hat, zur Brust?"

Trautmann rauchte sich, obzwar Rauchen auf Friedhöfen verboten war, eine Selbstgerollte an und erwiderte auf Dolezals Vorhaltungen deswegen nur trocken: „Scheiß dich nicht an, Burschi. Erstens sind außer uns fast keine Leut da, und zweitens raucht's aus dem Krematorium viel stärker heraus als wie aus meine Zigaretten."

Auf die Frage Dolezals meinte er: „Jetzt lassen wir die Frau einmal in Ruhe. Wir tun sie vorläufig nur beschatten. Irgendwohin wird sie ja mit der Straßenbahn oder mit dem Auto, wenn sie eines hat, hinfahren. Und das wird wahrscheinlich ihre Wohnung sein. Und wenn nicht, bleiben wir weiter hinter ihr, irgendwann wird s' ja nach Hause gehen oder fahren. Und dort hören wir uns dann zuerst ein bissl über sie und ihren Background um, bevor wir sie direkt kontaktieren."

Die beiden stellten sich zu einem entfernten Grab und fummelten an den dortigen Blumen herum, als wären sie beliebige Grabbesucher. Als die Trauergäste zurückkamen, ging die Unbekannte mehr als zwanzig Schritte hinter den anderen zum Friedhofsausgang.

Trautmann und Dolezal folgten ihr in noch größerem Abstand. Sie sahen, dass die Frau auf den Parkplatz vor dem Friedhof und zu einem beigefarbenen alten VW ging, sich hineinsetzte und wegfuhr. Der VW Golf hatte das Kennzeichen W 691 EL.

„Na also", brummte Trautmann. „Wer sagt's denn. Jetzt brauchen wir ihr nimmer nachfahren, weil wir ja das Kennzeichen von dem Schrotthaufen haben. Wir fragen an, auf wen der Golf zugelassen ist, dann wissen wir mehr."

„Und was ist, wenn der gar nicht ihr gehört, sondern wem anderen?"

„Dann wissen wir trotzdem, auf wen er zugelassen ist, und fragen den, ob er ihr den Wagen geborgt hat. Weil gestohlen wird sie ihn ja nicht haben. Solche alten *Schep-*

pern können zwar alles Mögliche anstellen, aber ein Auto stehlen sie nicht. Also."

Die beiden setzten sich in einen nahen Gasthausgarten, bestellten sich jeder einen Schweinsbraten mit Kraut und Knödeln und ein Krügel Bier, aßen und tranken.

Trautmann zog wieder sein Handy, rief Lassinger im Kommissariat an und verlangte, er solle feststellen, auf wen der beigefarbene VW Golf älterer Bauart mit dem Kennzeichen W 691 EL zugelassen war.

Rollte sich eine Zigarette, hatte sie aber erst zur Hälfte geraucht, als er die Antwort bekam. Drückte die Zigarette aus und holte sein schmieriges Notizbuch, das eigentlich ein alter Taschenkalender aus dem Jahr 2002 war, hervor – sowie einen Kugelschreiber mit der Aufschrift „Werner Faymann SPÖ" und einem angekreuzten Kreis, von dem er seit dem letzten Wahlkampf ein gutes Dutzend zuhaus und im Kommissariat hatte. Machte sich Notizen, bedankte sich bei Lassinger, steckte das Handy wieder ein, und sagte zu Dolezal: „So, Burschi. Immer auf das hören und das machen, was Erwachsene sagen und tun. Der Lassinger Franzi nimmt's genau. Der Wagen mit dem Kennzeichen W 691 EL ist ein beigefarbener VW Golf, seit 1991 zugelassen auf eine Irene Rieb, geboren 8.11.1959 – das Alter kommt hin – und wohnhaft 1040, also 4. Bezirk, in der Freundgasse 7."

„Kenn ich nicht", sagte Dolezal. „Wo auf der Wieden soll die denn sein?"

Trautmann grinste. „Ich hab dir ja schon gesagt, frag einen Erwachsenen, wennst was nicht weißt. Die Freundgasse", erklärte er, "ist ein kleines Gasserl zwischen der Margaretenstraße und der Schäffergasse und dorthin fahren wir jetzt. Aber vorher ruf ich noch die Kollegen in dem Stadtpolizeikommando, zu dem die Freundgasse gehört, an und frag sie, ob sie was über eine Irene Rieb haben."

Er zog wieder sein Handy, redete mit einem Kollegen vom Stadtpolizeikommando für den 4., 5. und 6. Bezirk, steckte das Handy ein und sagte: "Die Irene Rieb ist polizeilich unauffällig. Aber der Richie, mit dem ich geredet hab, ist ein alter Hund wie ich und kennt sie. Er sagt, sie ist in den 80er Jahren ohne *Deckel* auf den *Telach* gegangen und von uns *derrattelt* worden. Hat sich draufhin einen Deckel besorgt und ist dann legal, bis gegen die Jahrtausendwende, im Geschäft gewesen. Dann hat sie der Richie aus den Augen verloren. Und über die ehemalige Prostituierte hören wir uns jetzt erst einmal in ihrem Haus und in ihrer Gegend um, bevor wir sie direkt angehen."

Sie fuhren in die Freundgasse und sahen vor dem Haus Nr. 7 den beigefarbenen VW Golf geparkt. Hinter der einen Seitenscheibe hing jetzt eine Tafel mit der Aufschrift ZU VERKAUFEN. Eine Telefonnummer war auch angegeben.

Aus dem offenen Fenster einer Parterrewohnung schaute ein alter Mann heraus, der mit dem Oberkörper beinahe auf dem Fensterbrett lag.

Trautmann täuschte Interesse an dem Golf vor, ging um ihn herum, schaute sich die Reifen an, klopfte gegen die Karosserie und redete dann scheinbar begeistert mit Dolezal über das Auto.

„Das könnte ich für meine Lintschi kaufen. Sie hat vor drei Wochen den Führerschein gemacht und hätt gern so was zum Einfahren."

„Nicht sagen S', die Kraxen gefallt Ihnen", mischte sich der alte Mann am Fenster ein. „Der ihr Bodenbelag ist ja schon so dünn, dass S' mit die Füß durchkommen und beim Fahren mitrennen müssen, hören S'."

Trautmann lächelte. „Na, so arg wird's schon nicht sein. Außerdem hat meine Tochter ja nur fünfzig Kilo. Die wird das Bodenblech schon aushalten."

Und dann: „Wär gut gewesen, wenn der auch seinen Namen und die Adresse, nicht nur die Telefonnummer draufgeschrieben hätt."

„Das ist kein ‚der'", sagte der Alte. „Die Kraxen gehört einer Frau Irene Rieb, was bei uns im 3. Stock wohnt."

„Aha. Und wie ist die so? Alt oder jung? Und auf Geld aus oder eine, mit der man über den Preis reden kann?"

„Mein Gott, die Rieb ... Die Reni hab ich ja schon kennt, wie sie noch als junges Mädel mit ihren Eltern da gewohnt hat", sagte der Mann redselig. „Früher ist sie ... Aber das kann Ihnen ja wurscht sein. Aber Reni, wie ich zu ihr sag, war einmal eine ganz Fesche. Die hätt glatt ein Mannequin werden können, wenn s' nicht ... Aber uninteressant für Ihnen. Jetzt ist sie halt *überwuzelt*, aber eine ganz nette, bescheidene Frau, was allein lebt und nur hie und da für ein paar Tage Besuch von einer Frau kriegt, die dann bei ihr wohnt. Wer die ist, geht mich nichts an und interessiert mich auch nicht. Vielleicht eine, die früher auch auf den ... Mit ihrem Auto fahrt die Reni nur mehr selten, darum schaut die Kraxen ja auch noch halbwegs gut aus, obwohl s' ein alter Scherben ist. Viel wird die Reni, glaub ich, nicht dafür verlangen. Schauen S' halt hinauf zu ihr, die ist jetzt eh zuhaus. Vor einer halben Stund oder so was ist sie hamkommen. Hab ich schon gesagt, dass sie Rieb heißt? Sie wohnt im letzten Stock, gleich neben der Bodentür. Sie hat auf ihrer Wohnungstür eh ein Namenstaferl drauf."

„Ich muss es mir noch überlegen", sagte Trautmann. „Zuerst frag ich einmal meine Tochter. Und wenn ich und Lintschi dann das Auto wollen, ruf ich diese Frau Rieb halt an. Ihre Telefonnummer steht ja eh auf dem Papierl im Auto. Die hab ich mir schon gemerkt. Aber jetzt müssen mein Freund und ich wohin, wir sind nur auf dem Weg dorthin durch die Gasse da kommen. Also, bleiben S' brav und fallen S' nicht aus dem Fenster. Pfüat Ihnen."

Trautmann und Dolezal gingen weiter und der Alte brummte zu sich: „Zuerst schaut sich der die Kraxen von alle Seiten an und stellt depperte Fragen. Und dann sagt er, er muss erst seine Tochter fragen, und jetzt muss er noch wohin. Ein richtiges Arschloch. Wenn er die Kraxen um einen guten Preis kaufen kann, ist doch wurscht, wer und was und wie die Verkäuferin is. Da braucht er doch nicht herumfragen. Leute gibt's, was gar keine sind. Schauen ganz normal aus, sind aber Volltrotteln."

Im Kommissariat berichteten Trautmann und Dolezal ihrem Oberst und Lassinger über das Begräbnis und die Identifizierung der Besucherin der Florian, und auch darüber, dass der alte Mann, der die Rieb seit ewig kannte, gesagt hatte, diese würde öfter von einer Frau besucht, die ein paar Tage lang bei ihr bleibe. Das deckte sich mit dem, was die Nachbarin über die Florian und deren bisweilen tagelange Abwesenheit ausgetratscht hatte.

Und Sporrer sagte, dass sich die Kollegen bereits den Laptop der Florian angeschaut und dabei festgestellt hatten, dass keine persönlichen Dateien vorhanden waren und die Florian ihn nur zum Stöbern im Internet benutzt hatte. Das war natürlich merkwürdig, aber eine Tatsache.

Sporrer, der inzwischen auch im BKA gewesen war, berichtete weiters, dass man dort daran denke, den Fall Venediger Au zu übernehmen. Schließlich wäre diese Sache dadurch, dass dabei unter Umständen eine in Duisburg gestohlene Heckler & Koch verwendet worden sei, mehr oder weniger grenzübergreifend geworden. Und es hätten sich gewisse Spuren ergeben, deren Verfolgung unter Umständen etwas zu groß für ein Wiener Kriminalkommissariat wäre.

„Dann sollen es halt die Wichser aus dem BKA verfolgen", brummte Trautmann. „Finden werden sie aber nicht einmal einen Nasenraml. Ich und der Burschi und der Lassinger werden demnächst als Großaufgebot bei dieser Irene Rieb vor der Tür stehen und schauen, ob wir was aus ihr herausbekommen. Wenn gleich drei Mann kommen, wird sie vielleicht in die Knie gehen und *niederlegen*, wenn sie was zum Niederlegen hat."

Er ging zur Kaffeemaschine, schaltete sie ein und sagte zu seinem Oberst: „So, und jetzt macht sich der Chefinspektor einen Kaffee. Magst auch einen?"

Er nahm seine Brille ab und warf sie auf seinen Schreibtisch. „Die Scheißaugengläser brauch ich da herinnen nicht. Lesen muss ich jetzt eh nichts und Kaffee runterlassen und saufen kann ich auch ohne."

Nach einigem Hin und Her gelang es Sporrer, Trautmann das Dreimannaufgebot für den Besuch bei der Rieb auszureden.

„Wenn du allein zu der gehst, genügt das vollauf. Erstens hast du genug drauf, um diese Frau Rieb, wenn sie überhaupt was weiß, zum Reden zu bringen. Und zweitens würde das doch ein Überdrüber sein, gleich mit einer ganzen Gruppe zu kommen."

Trautmann gab ihm nach kurzem Nachdenken recht. „Okay, soll so sein. Von der Rieb ist eh keine Attacke, bei der ich Hilfe brauch, zu erwarten."

Er lächelte. „Eine Heckler & Koch wird s' ja kaum zuhaus haben. Außerdem tät mir der goscherte Burschi sowieso immer wieder dazwischenreden. Darum ist es wahrscheinlich wirklich besser, wenn ich morgen allein hingeh."

Dann kam ein Anruf von Manuela Reisinger, die sagte, sie wäre heute aus dem Spital entlassen worden, hätte den Aufenthalt in einer Kuranstalt abgelehnt und würde morgen wieder zum Dienst erscheinen. Sie wäre zwar noch ein wenig wackelig auf den Beinen, aber es würde schon gehen.

„Logisch", kommentierte Trautmann. „Bei uns im Koat wird man schneller gesund als in einer gschissenen Kuranstalt. Essen muss sie halt anständig und nicht nur Grünzeug. Sie ist ja kein Hase oder so was. Und durch meinen würzigen Zigarettenrauch wird sie auch wieder ins Rennen kommen."

Das glaubten die anderen zwar nicht, ließen es aber unkommentiert. Sie wussten ja, dass der alte Trautmann, wenn auch nur platonisch, einen Narren an der jungen Kollegin gefressen hatte.

28

Am späteren Nachmittag traf von der Polizeidirektion Duisburg eine Erfolgsmeldung ein. Als das Telefon im Zimmer der Gruppe Trautmann läutete, hob Dolezal ab, meldete sich und hörte zu, was der Anrufer zu sagen hatte.

Dann antwortete er knapp: „Der ist in seinem Zimmer. Ich schalt dich zu ihm hin."

Er machte das, legte auf und sagte zu Trautmann und Lassinger: „Ein Piefke. Hauptkommissar Engelke aus Duisburg. Der will aber nur mit unserem Chef reden. Ein Bezirksinspektor Dolezal ist dem zu minder."

„Duisburg", sagte Lassinger. „Das sind doch die, denen was sie Waffen gestohlen haben."

Dass es tatsächlich um die Waffen ging, erfuhren Trautmann, Dolezal und Lassinger, als Sporrer nach einer Weile ins Zimmer kam.

„Also, Burschen", sagte er, „in Duisburg hat sich was getan. Die Duisburger haben ermitteln können, wer die MPis und die Pistolen aus ihrem Depot einkassiert hat. Das war einer von ihnen, den sie aber vor vier Monaten wegen schwerer Dienstvergehen und verbotener Geschenkannahme rausgeschmissen haben. Irgendwie hat sich der Nachschlüssel oder den Code zum Depot verschafft und sich dann die Sachen geholt. Erwischt haben sie den durch einen anonymen Hinweis und er hat auch schon gestanden. Sagt aber um keinen Preis, an wen er die Waffen weitergegeben oder verkauft hat. Der Mann, ein gewisser Michulski, sagt, er ist jetzt sowieso dran, also kann es den vernehmenden Kollegen egal sein, wohin die Waffen verschwunden sind."

„Kann ich mir vorstellen", sagte Trautmann. „Er wird das Zeug nicht an Schwammerlbrocker, sondern an eine harte Partie verscherbelt haben und sich denken, dass es ihm im Häfen, oder wie die Piefke sagen, im Knast schlecht gehen wird, wenn er die Abnehmer *verwamst*. Es wär natürlich besser gewesen, wenn die Duisburger erfahren hätten, wer die *Schießlinge* gekriegt hat. Damit hätten wir vielleicht was anfangen können. Aber auf der anderen Seite werden das in der Venediger Au Profis gewesen sein, und die Typen kann man sich ja heut mehr oder weniger um einen Pappenstiel mieten."

Dolezal glaubte zwar, diese Leute könnten auch aus der hiesigen Szene gewesen sein, aber Sporrer meinte, außer dem Burschi glaube das niemand. „Keiner von den Unsrigen ist so deppert, dass er das selber macht. Die sind für so was zu vif. Die machen kleinere Sachen, machen einen auf oder demolieren sein Lokal oder die Wohnung, aber mehr ist für die nicht drin. Das wirklich Grobe lassen s' von wem anderen machen. So schaut es doch aus."

Damit hatte es sein Bewenden und eine Stunde später gingen die Leute der Gruppe Trautmann ebenso wie Sporrer nach Hause.

Trautmann ging in den Wurstelprater und genehmigte sich im Schweizerhaus zwar diesmal keine Stelze, aber dafür ein Krautfleisch, trank drei Krügel Budweiser, plauderte mit der ihm gut bekannten Chefin und rauchte Kette. Beschloss dann, sich ein bisschen im Wurstelprater umzuschauen, nahm dabei allerdings die ihm noch immer ungewohnte, verhasste Brille ab und hängte sie in den Ausschnitt seines T-Shirts mit einer chinesischen Aufschrift, von der er nicht wusste, was sie bedeutete. Seine Glock hatte er wie immer im hinteren Hosenbund stecken. Außer einer kleinen Ausbuchtung, die sein ziemlich langes T-Shirt aufwies, war von ihr nichts zu sehen. Er ärgerte sich über das vor dem Schweizerhaus aufgebaute, über sechzig Meter hohe Kettenkarussell, das den ganzen Platz verschandelte. Kurz setzte er sich auf eine Bank vor dem Pferdekarussell, in dem die Tiere zur schon ausgeleierten Orchestrionmusik im Kreis liefen, und ging dann langsam zu seiner nicht weit entfernten kleinen Wohnung in der Molkereistraße.

Diese Wohnung war im Grunde zu klein für einen Chefinspektor der Kriminalpolizei, aber Trautmann hatte seine größere Wohnung in der Taborstraße nach dem Tod seiner Tochter gegen diese getauscht, weil er die Wohnung ja doch nur zum Schlafen benützte.

Auf der Ausstellungsstraße standen bereits ein paar nicht mehr attraktive, ältliche Prostituierte, die auf ein Wunder und einen Kunden hofften, dem egal war, wie die Frau, mit der er eine schnelle Nummer machte, aussah. Und die sprachen den ihnen bekannten Trautmann sofort an und fragten, ob in der Sache der ermordeten Geli schon etwas weitergegangen sei. Sie waren über diese Bluttat entsetzt und verlangten, dass der Täter vor kein Gericht gestellt, sondern in den nächsten Wurstkessel gesteckt und gesotten werden sollte.

„Dazu", sagte Trautmann, „müssen wir ihn erst haben, aber das schaut momentan nicht gut aus, Kinder. Und wenn wir ihn doch kriegen, wird's mit dem Wurstkessel auch nichts werden, weil wir nicht unter Menschenfressern, sondern in einem Staat leben, in dem es für solche Sachen die Gerichte gibt."

Als er weiterging, dachte er daran, dass es genug Leute gab, die wieder nach der Todesstrafe verlangten, was seiner Meinung nach schwachsinnig war. Einen Mörder als Strafe ebenfalls zu ermorden, gehörte einer vergangenen Zeit an.

Er war allerdings der Meinung, dass eine lebenslange Haftstrafe wirklich lebenslang dauern sollte und diese Typen nicht schon nach zwanzig Jahren oder früher wieder auf die Menschheit losgelassen werden sollten. Wusste aber, dass es den staatlichen Behörden nicht auf die Meinung eines alten Kiberers ankam.

Er nahm sich im Bett noch ein buddhistisches Lehrbuch vor, klappte es aber bald wieder zu, weil er sowieso wusste, was darin geschrieben stand und dass Papier geduldig war und man alles Mögliche draufdrucken konnte. Um dem, was die Buddhisten Samsara nannten, zu entkommen – dem immerwährenden Zyklus des Seins, dem Kreislauf von Werden und Vergehen – und Frieden im Nirwana zu finden, musste man erleuchtet sein, und das war er noch nicht, würde es wahrscheinlich auch nie sein.

Dolezal besuchte seinen Kaffeehaus-Schachklub, verlor zwei Partien und konnte bei einer ein Remis herausholen. Las dann eine bekannte österreichische Wochenzeitung und ein paar deutsche Zeitungen, fand, dass in denen derselbe Scheiß wie in heimischen Blättern stand, und war total frustriert, weil Trautmann am nächsten Tag allein zur Rieb gehen würde.

Lassinger aß mit seiner Familie zu Abend und vertiefte sich dann in die Skripten einer Maturaschule. Er hatte die feste Absicht, so bald wie möglich die Matura nachzuholen und sich um die Aufnahme in einen Offizierskurs zu bewerben. Er hoffte dabei auf die Unterstützung durch seinen Kommandanten Oberst Sporrer.

Sporrer fuhr mit seiner Frau per Taxi ins Theater Akzent, das Theater der Arbeiterkammer, in dem die beliebten und bekannten Showmänner Alfons Haider und Dieter Chmelar einen Abend gaben, der laut Zeitungskritik sehr gut und unterhaltend sein sollte. Denn Unterhaltung war das, was Sporrer heute brauchte. Andere hockten zuhaus und schauten sich wahrscheinlich einen der vielen TV-Krimis an. Aber er hatte so viel mit Kriminalität zu tun, dass ihn diese ewig gleichen und inhaltlich oft abstrusen Filme anödeten. In ihnen ermittelten Kommissare oder Kommissarinnen, die es im wirklichen Polizeidienst bestenfalls zu einer Stelle in der Verkehrsabteilung oder zu einer Verwendung als Stehposten vor der Botschaft einer Bananenrepublik bringen würden.

Nach dem wirklich guten Programm ging er mit seiner Frau in ein nahes chinesisches Lokal essen und chinesisches Bier trinken. In dem Lokal trafen sie auf einen Major vom Stadtpolizeikommando Meidling, mit dem Sporrer seinerzeit in der Polizeischule gewesen war. Die Männer tauschten Erinnerungen an längst verflossene Zeiten und damalige Kollegen und Vorgesetzte aus, aber die Frauen langweilten sich sichtlich dabei und konnten kaum etwas miteinander anfangen.

Nach etwa eineinhalb Stunden ließ sich Sporrer ein Taxi rufen und fuhr mit seiner Frau nach Hause, während der Kollege mit seiner Gattin noch im Lokal sitzen blieb und ihr erklären musste, wieso er nur Major war, während es sein gleichaltriger Kollege bereits bis zum Oberst gebracht hatte.

29

Am nächsten Morgen stand Trautmann bereits um 6 Uhr auf und beschloss, statt ins Kommissariat gleich in die Freundgasse zu Irene Rieb zu fahren.

Er rasierte sich mit seinem alten Elektrorasierer mehr schlecht als recht und nahm sich zum x-ten Mal vor, bei nächster Gelegenheit einen neuen zu kaufen. Wusch sich, reinigte auch seine total verschmutzte Brille, kochte sich einen superstarken Kaffee, steckte seine Glock in den hinteren Hosenbund und machte sich auf den Weg.

Als er bei der Freundgasse ankam, parkte er seinen Wagen an der Ecke zur Margaretenstraße, legte die Dienstmappe des LKA – Ast Zentrum/Ost aufs Armaturenbrett, rollte sich eine Zigarette, rauchte sie an und ging paffend zum Haus Nr. 7. Sah dort trotz der frühen Stunde wieder den alten Mann halb auf dem Fensterbrett liegen und auf die Gasse hinausschauen.

„Na", sagte der Alte, als Trautmann herankam, „so früh sind S' schon dran? Es ist ja erst kurz vor halb acht."

„Sie sind ja auch schon auf. Grüß Ihnen."

„An so einem schönen Tag kann man nicht früh genug auf sein. Und ich brauch ja in meinem Alter nimmer viel Schlaf", lächelte der Alte. „Lang schlafen kann ich eh, wenn ich unter der Erde bin."

Und nach einer Pause: „Und Sie, wollen S' jetzt die Kraxen von der Reni kaufen?"

„Wahrscheinlich. Wenn s' mir einen guten Preis macht."

Trautmann warf seine Kippe in den Rinnstein, öffnete das unversperrte Haustor und ging über die schon ausgetretenen Stufen in den obersten Stock, wo Irene Rieb wohnte. Klopfte an, wartete und klopfte, als sich niemand rührte, nochmals und stärker an.

Dann hörte er eine Stimme. „Wer kommt denn da so früh? Ich kauf nichts! Und ich brauch auch keine Zeugen Jehovahs."

„Ich will Ihnen eh nichts verkaufen", sagte Trautmann. „Und von den Zeugen Jehovas bin ich auch nicht, sondern vom Magistrat. Ich muss da im Haus die Wohnungen besichtigen, also, machen S' mir, bitte, auf."

„Dann warten S' halt einen Moment. Ich zieh mir nur schnell was an."

Nach ein paar Minuten öffnete sich die Tür. Die ihm schon von der Beisetzung der Florian bekannte Frau hatte sich einen fleckigen Frotteemantel übergezogen und blinzelte ihn mit verquollenen Augen an.

„Frau Irene Rieb?"

„Ja, bin ich. Und warum wollen S' Ihnen die Wohnung anschauen?"

Trautmann zeigte ihr seinen Dienstausweis. „Polizei. Ich darf reinkommen?"

Die Frau erschrak sichtlich.

Trautmann wartete ihre Antwort nicht ab und ging in das kleine Vorzimmer. Steckte seinen Ausweis wieder ein und sagte: „Chefinspektor Trautmann. Vom Kriminalkommissariat Zentrum/Ost. Ich muss mit Ihnen wegen der Angelika Florian reden. Aber wenn's geht, nicht da im Vorzimmer."

„Ich hab's mir schon denkt", sagte die Frau tonlos und schaute dabei zu Boden. „Ich hab mir's denkt, dass früher oder später die Polizei zu mir kommt."

Und etwas lauter. „Denkt hab ich mir's. Aber jetzt ist es eh schon wurscht. Na, dann kommen S' halt weiter. Kommen S' ins Zimmer, Inspektor."

Sie ging in ein übermöbliertes Zimmer voraus, in dem sich ein Doppelbett, ein großer und ein kleinerer Kasten, eine Kommode, ein Tisch samt vier Sesseln und, auf einem kleineren Tisch, ein Radio sowie ein TV-Gerät befanden.

Trautmann folgte ihr, setzte sich und sagte: „Setzen S' Ihnen auch, Frau. Im Stehen kann man nicht reden. Und wahrscheinlich wird es ein bissl länger dauern."

Und als sie saß, in gemütlichem Tonfall: „Also, dann reden wir jetzt, Frau Rieb. Warum haben S' Ihnen denn denkt, dass die Polizei zu Ihnen kommen wird? Und warum ist das jetzt eh schon wurscht?"

Die Rieb sagte nichts darauf, sondern starrte ihn nur an.

„Sie wissen, dass ich wegen der Schlagring-Geli, der Florian, komm. Weil wir wissen, dass Sie die manchmal besucht haben und ein paar Tage bei ihr geblieben sind, und umgekehrt. Und wenn Sie die immer schon auf'm Gang abbusselt haben, müssen S' doch ein sehr gutes Verhältnis zu ihr gehabt haben."

„Ja, schon. Sie und ich sind, wie man sagt, Freundinnen und so was wie Lebensgefährtinnen gewesen."

„Aha. Die Geli ist früher eine bekannte Zuhälterin gewesen. Sind Sie damals vielleicht für sie auf den Strich gangen? Denn dass Sie eine Prostel waren, wissen wir auch. Also, wie schaut es aus?"

„Ja, ich bin früher für sie grennt. Aber das ist lang her. Jetzt ... Das hat aber doch mit dem nichts zu tun, dass die jetzt erschossen worden ist, oder?"

Trautmann sah, dass auf dem Nachttischchen an einer Seite des Doppelbetts ein Blechaschenbecher mit einigen Kippen drin stand, zog Tabak und Papier heraus und fragte: „Ich darf rauchen?"

Die Ried nickte. Trautmann rollte sich eine Zigarette und sagte ganz beiläufig: „Also, kommen wir zum Eingemachten, Frau Rieb. Wie ich Ihnen gesagt hab, dass ich von der Polizei bin, sind S' ja ganz schön erschrocken."

Und schärfer: „Warum? Nur wegen einer Auskunft über wen, den man kennt, erschrickt ja keiner. Also?"

Die Frau nahm sich eine Zigarette aus einem auf dem Tisch liegenden Päckchen.

Trautmann gab ihr Feuer und zündete auch seine Zigarette an. „Also – warum sind S' so erschrocken? Was war zwischen Ihnen und der Florian? Was wissen Sie über sie? Vielleicht, warum die umgeschossen worden ist? Und eventuell auch, von wem?"

„Nichts weiß ich. Ich weiß überhaupt nichts, Inspektor."

Aber nach kurzem Zögern meinte Irene Rieb sehr leise: „Jetzt ist eh schon alles wurscht. Wahrscheinlich weiß die Polizei eh schon alles. Dran bin ich jetzt sowieso."

Und sie setzte ohne Unterbrechung fast hysterisch schreiend fort: „Ich hab aber der Geli gesagt, sie soll das lassen, weil ... X-mal hab ich gesagt, sie ... Aber sie hat nicht auf mich gehört und es in ihrer Sturheit trotzdem getan und dabei mich mit hineingezogen, obwohl ich ... Aber wenn sich die einmal was eingebildet hat, dann hat das geschehen müssen. In dem Punkt war mit ihr nichts zu wollen. Die Geli hat ja nur hopp oder dropp und sonst nichts kennt."

„Das weiß ich, Frau Rieb. Ich hab die Geli ja auch gekannt. Aber jetzt geht es um was anderes, nämlich: Was haben S' der Geli gesagt? Und in was hat die Ihnen hineingezogen?"

„In alles, Inspektor. In alles. In das, dass sie den zwei Hurenhunden den Schädel runtergehaut hat, was die aber eh mehr als wie verdient haben. Die haben doch ihr Leben ruiniert und jetzt meines auch! Und jetzt sind die zwei Saubeuteln tot, aber die Geli auch, und ich bin dran."

Sie brach ab und paffte heftig, schaute dabei aber Trautmann nicht an.

„Alles schön der Reihe nach", sagte der begütigend. „Regen S' Ihnen nicht auf, sondern sagen S' mir, wie das war. Legen S' nieder, dann wird Ihnen wohler sein. Also ..."

Die Rieb zögerte kurz und begann wie aufgezogen zu reden.

„Der Ungarer, der Fülöp, und der Rumäner, der Grigorescu, die haben der Geli doch das Messer angesetzt und ihr das Weiße aus den Augen außegenommen. Sie und die ganze verschissene Gürtelpartie! Bis die zwei Häusln mit ihre Leut auftaucht sind, war doch alles in Ordnung und Liebe und Waschtrog, Inspektor! Alles ist wie am Schnürl grennt und jeder hat verdient! Aber dann sind die Sauhund kommen und haben der Geli alle Mädeln ausgespannt und sind mit ihnere Ostweiber groß eingestiegen. Und der Budil-Luki, was ihnen einen Baum aufgestellt hat, der ist in der Singrienergasse in Meidling in der Nacht zusammengeführt worden. Für euch war das halt ein Verkehrsunfall mit Fahrerflucht und sonst nichts. Kein Hund hat sich um den Luki mehr geschissen! Aber die Geli und ich und andere Stricherinnen haben gewusst, was wirklich los gewesen ist."

„Und dann ist die Geli hergegangen und hat denen zwei Obermachern 's Happl abgehaut?"

„Ja. Aber erst nach ein paar Jahr, weil ... Und ich Trottelweib hab ihr dabei helfen müssen. Müssen, obwohl ich nicht wollen hab. Ich hab ja nicht wollen, Inspektor! Das schwör ich bei der Jungfrau Maria und ihrem Jesus, der sich für uns hat annageln lassen."

„Das können S' später dem Richter oder der Richterin sagen, wenn wir mit Ihnen fertig sind, Frau Rieb", sagte Trautmann ruhig. „Bei wem Sie alles schwören, interessiert mich nicht. Ich will nur wissen, in welcher Weise Sie der Geli bei diesen Morden geholfen haben."

Irene Rieb stand auf, ging zum kleineren Kasten, öffnete ihn und nahm einen sehr dicken Blindenstock, einen Herrenmantel mit gelber Armbinde und einen Herrenhut heraus: „Weil ich das aufbewahrt hab."

Sie ging zum Nachtkästchen, nahm eine schwarze Brille heraus, legte alles auf den Tisch und sagte tonlos: „Und die auch."

Nahm den Blindenstock, packte den Griff und zog einen geraden, schweren Säbel heraus. „Und mit dem da hat sie's gemacht, Inspektor. Mit dem da. Und als Blinder. Mit einem Schlag. Sie war ja stärker wie die meisten Männer."

„Und Sie haben ihr dabei zugeschaut?"

„Nein. Ich hab ja woanders auf sie gewartet. Ich ... Nehmen S' mich jetzt mit, Inspektor?"

„Das werd ich logisch müssen", sagte Trautmann gemütlich. „Im Namen des Gesetzes nehm ich Ihnen fest, Frau Rieb. Sie müssen Ihnen jetzt anziehen. Aber dabei dürfen S' nicht unbeaufsichtigt sein. Sonst springen S' mir vielleicht aus dem Fenster oder tun sich sonst was an. Weil ich Ihnen aber nicht zuschauen darf, werd ich eine Kollegin verständigen, damit die das macht."

„Aber geh, das brauchen S' nicht, Inspektor. Mich haben schon ein paar hundert Männer nackert gesehen. Da kommt's auf Ihnen auch nicht mehr an."

„Das weiß ich schon. Aber meine Vorgesetzten sind in dem Punkt ein bissl gar heiklich. Und ich möchte mir nicht anhängen lassen, ich wär Ihnen unsittlich gekommen."

Trautmann rief am Handy in der Ast an und verlangte von Lassinger, der abhob, dass sich die Reisinger ins Auto setzen und wegen einer Festnahme in die Freundgasse 7, zu einer Irene Rieb, kommen sollte.

„Weil die Rieb hat jetzt nur einen Bademantel mit wahrscheinlich nichts drunter an. Es muss ihr aber wer von uns beim Umziehen zuschauen, das darf aber kein Mann sein. Ja, und die Mani soll auch ein paar größere Plastiksäcke zum Versorgen von Asservaten mitbringen."

„Da bin ich aber baff", antwortete Lassinger, „dass du die Rieb, was du ja nur befragen wolltest, festgenommen hast."

„Hab ich müssen, Franzi. Anders ging es nicht. Die hat einen 12er zum 75er am Buckel. Da fahrt die Eisenbahn drüber", sagte Trautmann, beendete das Gespräch und steckte sein Handy wieder ein.

„Was denn für einen 12er zum 75er?", fragte die Rieb.

„Der § 12 Strafgesetzbuch sagt, dass jeder, der zur Ausführung einer Straftat, in dem Fall § 75, also Mord, Beihilfe leistet, ebenfalls als Täter anzusehen ist. Und weil die Florian den Fülöp und den Grigorescu ermordet und Sie ihr dabei geholfen haben, muss ich Ihnen müllisieren, anders geht's nicht. Es wird halt eine viertel oder halbe Stunde dauern, bis die Kollegin kommt. Also, rauchen wir noch ganz gemütlich eine."

Trautmann rollte für sich und die Rieb Zigaretten, zündete beide an, gab der Rieb eine und sagte: „Da. Rauchen S' die einmal. Damit S' wissen, wie eine Zigarette schmecken soll. Die, was Sie da haben, sind ja nur bessere Lutscher."

Irene Rieb saß zusammengesunken da, machte ein paar Züge, hustete, schaute Trautmann an und sagte: „Ein bissl gar stark sind die, hören S'."

„Na ja, stark sind s' schon, aber viel gesünder wie die mit die Filter."

„Was, glauben S'", fragte die Rieb, „werd ich denn ausfassen, Inspektor?"

„Geh, sagen S' doch nicht immer Inspektor zu mir, Frau Rieb. Ich bin der Trautmann. Okay? Ja, und was Ihnen und Ihner *Schmalz* betrifft, da kann ein guter Anwalt zum Beispiel bisherigen ordentlichen Lebenswandel, die Einwilligung zur Mithilfe aus Furcht oder Gehorsam oder Unbesonnenheit und ein freiwillig abgelegtes, reumütiges und umfassendes Geständnis als Milderungsgründe anführen. Und wenn er damit durchkommt, werden's kaum mehr als *fünf Meter* werden. Dazu kommt, dass Sie als Lesbe der ebenfalls lesbischen Florian sexuell hörig waren und nicht anders können haben. Warten S' es halt ab. Mehr können S' eh nicht machen. Mir tun S' ja beinah leid, weil S' eine arme Sau und durch die Geli mitten in die dickste Scheiße hineinkommen sind."

Und in bestimmtem Ton: „Aber das von den Milderungsgründen und dass Sie mir leid tun, das hab ich Ihnen nicht gesagt, gelt. Wenn man als Kriminalbeamter persönliche Gefühle zeigt, können s' einem den Arsch ganz schön aufreißen."

Manuela Reisinger kam nach fünfundzwanzig Minuten und überwachte das Ankleiden der Festgenommenen.

Trautmann verpackte währenddessen Männermantel, Männerhut, die schwarze Brille und den Blindenstock und wunderte sich über diese ungewöhnliche Tatwaffe. Er hatte zwar schon alle möglichen Stockdegen gesehen – und auch einmal einen Stock, der, mit einer einzigen Patrone geladen, eine Schusswaffe gewesen war –, aber einen Stock, in dem ein gerader, schwerer Säbel verborgen war, noch nicht. Der würde bestimmt eines Tages im Kriminalmuseum landen und von Besuchern – ebenso wie das Foto der Florian – begafft und fotografiert werden. Viele Leute begeilten sich ja an Mordwerkzeugen, solange die nicht gegen sie selbst zum Einsatz kamen.

Als Trautmann mit den Plastiksäcken und Reisinger mit der Rieb das Haus verließen, fiel der alte Mann vor Neugierde beinahe aus dem Fenster. Er hatte die zwar Zivil tragende, aber in einem als Polizeifahrzeug gekennzeichneten Wagen ankommende Reisinger vor dem Haus parken und hineingehen gesehen, auf seine neugierigen Fragen aber keine Antwort bekommen.

Und jetzt sah er, dass der vermeintliche Käufer von Riebs Auto gar keiner war, sondern vermutlich ebenfalls ein Polizist in Zivil, und dass die Rieb jetzt offensichtlich abgeführt wurde.

„Sie sind ja auch von der Polizei", sagte er entrüstet zu Trautmann. Und als der nickte und sein linkes unteres Augenlid herunterzog: „Und warum haben S' denn das nicht gleich gesagt und sich als Käufer ausgegeben? Und haben S' die Reni jetzt verhaftet oder was? Warum denn?! Und was haben S' denn da in die Plastiksackln drinnen?"

Trautmann klebte auf Riebs alten VW Golf die üblichen Banderolen – dass der Pkw von der Polizei beschlagnahmt worden war – und sagte zu dem Alten: „Die Kennzeichentafeln lasse ich vorläufig drauf. Der Wagen wird im Laufe des Tages von unserer Bereitschaft abgeholt. Passen S' derweil gut auf ihn auf. Und die Frau Rieb ist nicht verhaftet, sondern nur festgenommen worden. Wegen was geht Ihnen nichts an."

Reisinger legte die Plastiksäcke in den Wagen, mit dem sie gekommen war, und stieg ein.

Trautmann öffnete die Beifahrertür seines Autos und sagte zur Rieb: „Steigen S' ein, Frau. *Eisen* geb ich Ihnen keine. Sitzen S' brav neben mir, dann bleiben wir zwei gute Freunde. Wenn S' aber *Spompanadln machen*, werd ich ungut. Okay?"

„Ja, okay, Insp..., Herr Trautmann, wollt ich sagen."

Trautmann lächelte sie an. „Ich bin kein Herr. Nur der Trautmann."

Irene Rieb stieg ein, setzte sich auf den Beifahrersitz und legte die Hände auf ihre Schenkel. Trautmann setzte sich hinter das Lenkrad und startete den Motor. Dann fuhren beide Wagen weg.

Der alte Mann am Fenster schaute ihnen nach und murmelte: „Sachen gibt es, nicht zu glauben. Die Reni kann doch nichts getan haben?"

Und nochmals: „Sachen gibt's, Sachen ... Da glaubt man ja, man träumt, und greift sich an den Kopf und versteht die Welt nicht mehr. Jahrelang war keine Polizei bei uns im Haus. Und jetzt kommen sie gleich zu zweit und verhaften eine harmlose Frau. Nicht zu glauben."

30

Im Kommissariat wurde Irene Rieb zunächst erkennungsdienstlich behandelt. Dann machte sich Trautmann daran, sie zu verhören.

Er saß paffend hinter seinem Schreibtisch, Irene Rieb davor, und Sporrer, Manuela Reisinger, Lassinger und Dolezal saßen im Raum verteilt, weil sie bei dem ersten Verhör unbedingt dabei sein wollten.

Auf Trautmanns Tisch stand bereits das Bandgerät. Er schaltete es ein, sagte die üblichen Formeln, wie das Datum, die Uhrzeit, wer das Verhör führte und wer zu welcher Sache einvernommen wurde.

Schaltete das Gerät wieder aus, gab sich als der good Cop, der er ja im Grunde auch war, und bat Reisinger: „Geh, Kinderl, mach uns einen Kaffee, damit wir vom vielen Reden nicht trocken im Hals werden."

Zur Rieb sagte er: „Wenn S' rauchen wollen, ist es okay. Es gibt zwar in öffentlichen Räumen und Ämtern Rauchverbot, aber das gilt nicht für uns. Wo täten wir denn da hinkommen."

Die Rieb schüttelte aus ihrem mitgebrachten Päckchen eine Zigarette heraus und ließ sich von Trautmann Feuer geben.

Der zündete sich selbst eine Zigarette, die er sich zuvor gedreht hatte, an, schaltete das Bandgerät wieder ein und sagte: „Also, Frau Rieb, wenn Sie jetzt Ihre Aussage zu den

Mordfällen Fülöp und Grigorescu und über Ihre Rolle dabei machen. Denken S' nur ruhig nach, bevor S' was sagen. Denn alles, was jetzt auf das Bandl kommt, kann auch vor Gericht gegen Ihnen verwendet werden. Also."

Manuela Reisinger stellte Trautmann und Irene Rieb zwei Schalen Kaffee auf den Tisch. Rieb bat zusätzlich um ein Glas Waser und begann dann stockend zu sprechen.

„Ja, was soll ich denn sagen? Dass ... Ich bin zur Geschichte von der Geli gekommen wie die Jungfrau zum Kind. Von der bin ich einegezogen worden. Wir zwei haben uns ja schon lange kennt, weil ich vor Jahren für sie auf den Strich gangen bin. Wir waren beide schon immer lesbisch, aber das hat bei unserem Geschäft keine Rolle gespielt. Unsereins spürt ja nichts dabei, wenn ein Gogl mit ihr umeinandertut. Die Geli und ich haben halt die uns unsympathischen, depperten Männer ausgenommen und ganz gut verdient dabei. Ja. Und irgendwann haben wir uns halt ineinander verliebt und sind so was wie Lebensgefährtinnen geworden. Und darum hat die Geli manchmal für ein paar Tage bei mir und ich manchmal bei ihr gewohnt. Wir haben ein schönes Leben miteinander gehabt, bis die neue Partie den Gürtel übernommen und ihre Ostweiber mitgebracht hat. Von da an waren wir aus dem Geschäft. Und wie sie uns abgehalftert haben, das ist nicht immer gerade auf die feine Art gegangen. Bei der Geli ist zwei Mal eingebrochen und alles in der Wohnung ruiniert worden. Das war noch in ihrer alten Wohnung. Danach ist sie ja in die Venediger Au gezogen und ..."

Irene Rieb brach ab, trank einen Schluck Kaffee und schaute blicklos vor sich hin.

„Und was war dann?", fragte Trautmann.

„Dann hat die Geli einer, weil sie hat weitertun wollen, so zusammengehaut, dass sie beinahe *ein Eck gemacht* hat. Drei Wochen ist sie von dem krank gewesen und hat sich von einem Doktor, den sie kennt hat, zuhaus behandeln und zusammennähen lassen. Weil, wenn sie in ein Spital gegangen wär, da ..."

„Da wär die Geschichte nämlich wegen der Verletzungen und der ärztlichen Meldepflicht bei so was zu uns gegangen", sagte Trautmann.

„Logisch", setzte Rieb fort. „Logisch. Das haben wir aber nicht wollen, weil wir wissen, was sich gehört. Und danach haben s' die Geli eh in Ruhe gelassen. Aber die war so zornig und hat unbedingt was gegen die Sauhunde und besonders den Schläger unternehmen wollen. Weil eine wie die Geli kann man nicht so ohne mir nichts, dir nichts zusammenhauen. Durch einen reinen Zufall hat sie dann eine Ostfrau aus dem Milieu, ich glaub, eine Polin, kennengelernt. Die hat auf ihre Bosse einen Hass gehabt und der Geli einen Zund gegeben. Wer genau die Frau war, hat mir die Geli nie gesagt, das war ihr großes Geheimnis."

„Aha. Und um was ist es bei diesem Zund gegangen?"

„Darum, dass die Geli erfahren hat, dass einer der Obermacher der Ungarer Fülöp war und der, was sie beinah totgehaut hat, der Rumäner Grigorescu. Die zwei haben veranlasst, dass die Geli aus dem Geschäft fliegt.

Und die haben auch, weil die Geli *bamstig* geworden ist, dafür gesorgt, dass in ihre alte Wohnung eingebrochen und alles ruiniert wird. Und bei dem Rumäner, der Karate oder Kung-Fu oder wie das heißt können hat, ist die Geli, die ja auch nicht schwach war, auf dem falschen Dampfer gewesen und hat gegen ihn draufgezahlt. Dadurch hat sie andere Saiten aufziehen und die zwei zur Sau machen wollen."

„Aha. Indem sie ihnen auflauert und ihnen den Schädel abhaut."

„Ja. Aber das mit dem Schädelabhauen ist erst später kommen. Zuerst hat sie immer nur in sich hineingebrütet und ist dabei eine andere geworden. Dann hat sie irgendwie, vielleicht wieder von dieser Polin oder von wem anderen, erfahren, wann die zwei nach Wien kommen und wo sie die dann antreffen kann. Von wem sie das erfahren hat, hat sie mir nie gesagt. Ich hab keine Ahnung, wieso die zwei ausgerechnet um Mitternacht in die Essiggassen und die Czerningassen kommen sind. Das hat mir die Geli nie gesagt. ‚Besser', hat sie gesagt, ‚du weißt es nicht, und das kann dir ja auch wurscht sein. Du bist in dem Spiel nicht drinnen.' Aber das war ich halt doch und wie auch noch. Sonst tät ich jetzt ja nicht da sitzen."

Dann wollte Irene Rieb auf die Toilette gehen. Trautmann schaltete das Bandgerät aus und Manuela Reisinger begleitete sie dorthin.

In der Zwischenzeit unterhielten sich die Kriminalbeamten über das, was sie bisher erfahren und auch auf Band hatten.

Sporrer hatte eigentlich einen guten Eindruck von dieser sichtlich zerstörten Frau, aber Dolezal sagte: „Die ist nicht zerstört, Chef. Die ist kalt wie ein Eisbecher und spielt uns nur was vor. Ich tät die schon eine Spur härter als wie der Trautmann anpacken."

„Lass den Trautmann nur auf seine Art machen, Burschi", sagte Lassinger. „Der hat schon was drauf und weiß, wie er wen nehmen muss. Der hat ein Gefühl für Menschen und weiß, wann er die einen betonieren und die anderen in Ruhe verhören muss."

Nach einer guten Viertelstunde kamen Reisinger und Rieb vom WC zurück.

Trautmann schaltete das Bandgerät wieder ein und setzte das Verhör fort.

„Also, Frau Rieb, wir sind da stehen geblieben, wie Sie gesagt haben, dass die Geli, also die Frau Florian, von einer Ihnen unbekannten Person, vielleicht einer Polin, erfahren hat, wann und wo sich Fülöp und Grigorescu in Wien aufhalten werden. Was war dann?"

„Als die Geli gewusst hat, wann der Fülöp in Wien sein wird, hat sie gesagt: ‚Jetzt kommt der Moment, wo der Aff ins Wasser springt und zuerst der – und dann der andere – die Schleifen kriegt, damit sie draufkommen, mit wem sie sich eingelassen haben.' Weil, wenn bisher einer ungut geworden ist, hat sie ihm mit dem Schlagring eine aufgelegt, und das war's dann. Aber die zwei, hat sie gemeint, sind dafür um ein paar Nummern zu groß und sie ist jetzt eine alte Frau und nimmer so wie früher einmal. Jedenfalls hat sie gesagt, dass die zwei weg müssen, und wenn sie weg sind, werden die anderen wissen, dass man mit ihr viel, aber nicht alles machen kann. Ich hab zwar versucht, ihr das auszureden, und gemeint, das, was war, ist gewesen und vorbei und das soll man ruhen lassen. Ich hab gesagt: ‚Sich jetzt was anfangen, bringt nicht nur nichts, sondern ist auch gefährlich. Denn weder der Fülöp noch der Grigorescu sind Unschuldslamperln, sondern gefährliche Typen, die sich schon wehren können.' Aber die Geli hat geantwortet: ‚Gegen das, was ich mit ihnen mach, werden sie nichts machen können, sondern sie werden ins Rohr schauen. Ich lauere denen so elegant auf, dass die überhaupt nicht auf die Idee kommen, es könnte ihnen wer was wollen. Das werden sie viel zu spät bemerken und schon drüben sein, bevor sie ‚Papp' sagen können.'"

„Und diese Idee war, dass sie denen als Blinder getarnt auflauert und sie mit ihrem Säbel macht."

„Ja."

„Die Männerkleidung zu bekommen und die Tarnung als Blinder, das war nicht so schwierig", sagte Trautmann. „Aber von woher hat die Geli den Säbel gehabt? Oder hat sie sich den erst besorgt, und wenn ja, von wem? So was kann man ja nicht im Supermarkt kaufen."

„Eh nicht. Den hat sich die Geli ... Ja, von wo sie den hat, hat sie mir nicht gesagt. Aber jedenfalls hat sie den noch nicht lang gehabt, das weiß ich sicher", sagte Rieb und zündete sich wie Trautmann wieder eine Zigarette an.

„Und dann", redete sie weiter, „hat sie mir gesagt, wie es jetzt weitergeht. Sie wird erfahren, wann die zwei Drecksäue in Wien sind, und dann soll ich sie in meinem Auto zuerst wohin führen, wo es in der Nacht keine Leute gibt, am besten auf die Donauinsel. Dort wird sie sich dann als Blinder verkleiden und wir fahren dorthin, wo wir den Mann treffen. Ich soll dann irgendwo in der Nähe parken und schauen, ob wo Leute sind. Und wenn nicht, wird sie aussteigen und herumtappen und den Betreffenden, wie sie gesagt hat, scharf rasieren. Das wird immer nur einer sein, weil die zwei nie zur selben Zeit in Wien sind."

„Aha", sagte Trautmann. „Und dann hat sie ihren Mann abgepasst, den Säbel aus ihrem Blindenstock gezogen und dem 's Happl vom Hals gehaut."

„Ja. Und dann ist sie wieder zu mir und meinem Auto gekommen, wir sind wieder wohin gefahren, wo keine anderen Leut waren und es ruhig war. Dort hat sie sich umgezogen, und ich hab sie zu ihrer Wohnung geführt und bin mit den Verkleidung und der Waffe zu mir in die Freundgasse. So war das", schloss sie. Dann befolgte sie Trautmanns Rat, den er ihr unerlaubterweise in ihrer Wohnung gegeben hatte, und sagte: „Jetzt tut es mir natürlich leid, aber ich bin halt der Geli sexuell hörig gewesen und hab aus lauter Angst, sie will mich nimmer, das gemacht, was sie mir vorgeschrieben hat. Aber dabei war ich so durcheinander, dass ich eigentlich gar nicht direkt gewusst hab, was ich da mach, wenn ich ihr helf. Da bin ich wie in einem Traum oder so was gewesen, Trautmann. Da war ich nicht ich, ehrlich."

Sie brach ab und bemühte sich, wenigstens ein paar Tränen zu weinen, was ihr aber nur unvollkommen gelang.

Trautmann schaltete das Bandgerät aus und sagte: „So, das war es, Frau Rieb. Zumindest von uns aus. Sie kommen jetzt zuerst bei uns in eine Zelle. Dann machen wir die Papiere fertig und Sie unterschreiben die Niederschrift. Anschließend kommen Sie in das Landesgericht und werden dem dortigen U-Richter oder der U-Richterin vorgeführt, und dann wird entschieden, ob über Ihnen wegen Teilnahme an zwei Morden die Untersuchungshaft verhängt wird. Wenn S' wollen, können S' jetzt einen Rechtsanwalt anrufen oder verlangen, dass S' gratis einen ex offo kriegen."

„Ich brauch keinen Anwalt, weil jetzt eh alles wurscht ist. Und für die Verhandlung werden s' mir schon einen Verteidiger zuteilen. Bei Geschworenen müssen s' das ja machen. Für mich ist jetzt, ob mit oder ohne Anwalt, eh alles vorbei. Die Geli ist tot und ich werd ihr bald nachfolgen. Für mich ist das Leben vorbei, weil, was soll ich allein auf der Welt?"

„Weil Sie uns jetzt, wenn auch verschlüsselt, einen Selbstmord angedeutet haben, Frau Rieb", sagte Sporrer, „müssen wir das dem U-Richter melden, wodurch Ihnen die U-Haft sicher ist. Bis zu Ihrem Prozess dürfen Sie nicht unbeaufsichtigt bleiben. Einen Selbstmord in der Haft können weder wir noch die Justiz gebrauchen, sonst fallen die Medien wieder über uns her."

„Mir auch wurscht. Mir ist ja jetzt alles wurscht. Alles."

„Eines noch, Frau Rieb", sagte Trautmann. „Sind S' so gut und reden S' mir noch was auf das Bandl. Nämlich, dass Sie bei dem heutigen Verhör keiner Gewalt von Seiten des verhörenden Beamten ausgesetzt waren und freiwillig das Geständnis abgelegt haben. Jetzt", erklärte er ihr, „ist nämlich für uns alles anders als früher. Jetzt hätten S' für das Verhör sogar einen Bauchredner von den Menschenrechtlern verlangen können, der aufpasst, dass Sie nicht bedroht werden. Aber nachdem ich ein freundlicher Mensch bin und Sie eine vernünftige Frau sind, haben wir das gelassen."

Und mit einem Lächeln: „Aber das mit dem Bauchredner von den Menschenrechtlern lassen S', bitte, weg."

Er schaltete das Bandgerät nochmals ein.

„Was ich ausgesagt habe", sagte Irene Rieb, „das hab ich aus mir heraus und freiwillig gesagt. Dazu hat mich niemand gezwungen und niemand hat mir gedroht. Im Gegenteil, der Inspektor Trautmann hat mich ganz freundlich ausgefragt."

Trautmann lächelte die Rieb an und sagte: „Den letzten Satz tun wir wieder löschen." Er fiel ins Du: „Für mich brauchst keine Reklame machen, Kinderl. Ich hab am Anfang eh gesagt, dass ich das Verhör mache, und dass ich ein ganz freundlicher Bursch bin, wissen eh alle."

Er löschte den letzten Satz, schaltete das Gerät aus und schaute Sporrer an. „Das war's, Chef. Für uns ist die Sache erledigt. Zumindest in der Hauptsache. Das Geständnis haben wir. Wir wissen zwar nicht, wer die Zundgeberin der Florian war, und werden's wahrscheinlich nie erfahren. Die Schlagring-Geli ist tot und ihrer Freundin hat sie über die betreffende Person nichts verraten."

Sporrer nickte. „Genau."

Er griff nach seinem Telefon und sagte: „Ich werde jetzt einen Uniformierten rufen, damit er die Frau Rieb in eine Zelle bringt."

Trautmann hob eine Hand und winkte ab. „Das brauchst nicht, Oberst. Weil jetzt holt uns der Burschi zuerst ein paar Leberkässemmeln und was zu trinken vom Karmelitermarkt. Auch für die Frau Rieb, die hat heut ja auch noch nichts gegessen. Und dann führ ich sie selber zu den Zellen. Das gehört sich. Weil ich hab sie festgenommen und verhört und ein Geständnis von ihr. Darum brauchen wir keinen von der Trachtenpartie."

Er stand auf und lächelte Irene Rieb an. „Zumindest ein Semmerl wirst ja runterbringen, gelt?"

„Warum soll ich um die Semmeln gehen?", begehrte Dolezal auf. „Nur, weil du ein Chefinspektor bist und ich dein Laufbursche?"

„Na, okay", sagte Trautmann. „Ist wahrscheinlich eh besser, wenn ich geh. Dir täten s' eh wieder gestrige Semmeln und einen hinigen Leberkäs anhängen."

Er ging zur Tür und sagte dabei: „In einem Sekunderl bin ich wieder da, Kinder. Bleibts brav, dass ich nichts Schlechtes über euch hör."

Dann ging er grinsend aus dem Raum.

„Der Trautmann muss immer das letzte Wort haben, sonst ist er's nicht", maulte Dolezal.

Sporrer lächelte: „Er ist auch der Älteste von uns, Burschi. Darum steht ihm das zwar nicht immer, aber manchmal zu."

31

Gegen Abend wurde Irene Rieb samt Papieren ins Landesgericht überstellt, und es gelang Trautmann, einen der berühmtesten Strafverteidiger Österreichs für diesen Sonderfall zu interessieren und ihn zu überreden, die arme Sau um ein Butterbrot oder gar nichts vor dem Schwurgericht zu vertreten. Der überlegte kurz und befragte seinen Staffordshireterrier Xandi, ob er sich auf so ein Luftgeschäft einlassen sollte, und als der Hund mit dem Schwanz wedelte, war die Sache beschlossen.

Damit waren die Morde an Fülöp und Grigorescu geklärt und, wie Trautmann zu seinen Kollegen sagte, die „Bumerang-Morde" abgeschlossen.

„Wie kommst du denn auf Bumerang-Morde?", fragte ihn Dolezal. „Ein Bumerang ist doch so ein gebogenes Hölzel, das man wegschmeißt, das aber nach einer Weile wieder zum Werfer zurückkommt, oder?"

„Genau", grinste Trautmann. „Genau, Burschi. Das man wegschmeißt, das wieder zurückkommt. Und genau das ist ja bei den Morden gewesen."

„Ich versteh es aber auch nicht", sagte Manuela Reisinger, und das Gleiche war auch bei Sporrer und Lassinger der Fall, die sich auch nicht vorstellen konnten, was ein Bumerang mit diesen Mordfällen zu tun hatte.

„Ist das mit dem Bumerang wieder eine von deinen buddhistischen Rätselgeschichten", fragte Dolezal.

„Nein, Burschi. Das hat nichts mit dem Buddhismus, sondern mit uns zu tun."

„In welcher Weise?", fragte Sporrer.

„Und mit solchen Leuten muss ein Intelligenzler wie ich arbeiten", grinste Trautmann. „Ein alter Hund wie ich mit lauter geistigen Nackerpatzln. Tragisch. Also werd ich's euch erklären. Aufgemerkt: Damit, dass der Fülöp und der Grigorescu zuerst der Geli ihre Mädeln weggenommen und sie dann aus dem Geschäft gedrängt haben und der Grigorescu die Geli auch noch zusammengehaut hat, haben sie quasi den ersten Bumerang fliegen lassen. Der hat zwar lange gebraucht, ist dann aber doch wieder zu ihnen zurückgekommen. Zwar nicht mehr als gebogenes Hölzl, aber als Säbel, der ihnen das Happl abgehaut hat. Und der Geli ihr Säbel war wiederum ihr Bumerang, den sie weggeschmissen hat, und der ist dann in Form einer Heckler & Koch zu ihr retour gekommen und hat sie auseinandergeschossen. Kommts jetzt mit?"

„Ein geradezu poetisches Bild, was du uns da gibst", sagte Sporrer. „Damit hast du zu den chinesischen und japanischen Zen-Koans auch einen wienerischen erfunden, den ein normaler Mensch auch nicht versteht. Wenn du so weitertust, wirst nach dem Chefinspektor noch ehrenhalber ein Zen-Meister."

Trautmann sagte nichts darauf. Rollte sich bloß eine Zigarette, zündete sie an und ging paffend zur Kaffeemaschine. Was der Oberst sagte, ging ihm bei einem Ohr hinein und beim anderen wieder hinaus. Er aber brauchte jetzt dringend einen superstarken Espresso, weil er zwar ein alter, abgebrühter Hund war, ihm die Schicksale der Schlagring-Geli und der Irene Rieb aber doch an die Nieren gingen.

Seine Aussage über die drei Morde wurde dank Dolezal, der sie überall herumerzählte, zum geflügelten Wort. Die Morde an Fülöp. Grigorescu und Florian gingen als „Bumerang-Morde" in die Kriminalgeschichte ein, und die später im Wiener Kriminalmuseum ausgestellten Fotos und Zeitungsausschnitte wurden ebenso tituliert.

Die Leute vom Bundeskriminalamt wurden wieder einmal vom Jagdfieber gepackt und wollten zu ihrer Ehre die „Bumerang-Morde" komplett aufklären.

Dass die Schlagring-Geli sowohl Fülöp wie auch Grigorescu aufgelauert hatte, war bereits erwiesen. Das ging nicht nur aus den Aussagen Irene Riebs hervor, sondern basierte auch auf Untersuchungen des Labors.

Am Säbelgriff waren eindeutige Spuren einer DNA, die mit jener von Angelika Florian ident war. Auch dass der Säbel tatsächlich die Mordwaffe war, hatten die Laborleute nachweisen können. Die Klinge war zwar von der Florian nachhaltigst gereinigt worden und hatte keine Blutspuren aufgewiesen. Aber sie hatten das Behältnis aufgeschnitten und darin winzigste, aber für eine DNA-Bestimmung taugliche Blut- und Gewebespuren entdeckt, die eindeutig von Fülöp und von Grigorescu stammten. Sie ließen darauf schließen, dass die Florian nach der jeweiligen Tat die Waffe wieder in den Stock gesteckt, dann aber nur den Säbel selbst, nicht aber dessen Griff und auch nicht das Innere des Behältnisses gereinigt hatte.

Blieb aber aufzuklären, von wem Angelika Florian so genau hatte wissen können, wann und wo sie ihren Opfern auflauern konnte? Sie musste das jedenfalls von einer Person, die in der neuen Rotlichtpartie zum engsten Kreis gehörte oder einem von den Bossen sehr nahestand, erfahren haben. Denn Hellseherin war Angelika Florian bestimmt keine gewesen. Langwierige, teils undercover durchgeführte Ermittlungen hatten ergeben, dass den Drahtziehern der Geschäfte im Rotlichtmilieu keine Frau nahestand. Außerdem gab es in der ganzen Szene keine Polin, sondern nur Frauen aus anderen Staaten, die wohl keine Ahnung vom jeweiligen Verbleib Fülöps und Grigorescus gehabt hatten.

Auch, was Fülöp in der Essiggasse und Grigorescu in der Czerningasse gewollt hatte, war nicht festzustellen.

Und ebenso konnte nicht ermittelt werden, wie die Auftraggeber des Mordes an Angelika Florian dahintergekommen waren, dass Fülöp und Grigorescu von der Schlagring-Geli geköpft worden waren. Das mussten die Mörder oder Auftraggeber entweder gewusst oder zumindest vermutet haben. Denn dass die Schüsse der Florian gegolten hatten, war eindeutig. Und auch dass die Männer in dem gestohlenen und später angezündeten Hyundai Profis reinsten Wassers gewesen waren, war klar. Dieses Massaker war bewusst und keinesfalls von einem Irren oder Zufallstäter begangen worden. Weder ein Irrer noch ein Zufallstäter, der aus irgendeinem Grund Amok lief, konnte in den Besitz einer MPi Heckler & Koch kommen.

Und es war auch nicht herauszufinden, wer tatsächlich der Mörder der Florian war. Nicht nur, dass die Szene in dem Punkt von einer lückenlosen, unübersteigbaren Mauer umgeben war, schien es auch fraglich, ob sich die Rotlichtleute, die gern unspektakulär und ohne größeres Aufsehen ihre Angelegenheiten erledigten, auf so etwas eingelassen hätten. Oder etwa doch?

Die BKA-Leute waren der, freilich nicht offen geäußerten, Ansicht, dass die Leute aus der Ast Zentrum/Ost zwar ganz gut waren, für so komplizierte Fälle aber nicht den nötigen Biss hatten und wohl mögliche Spuren verwischt hatten.

Sie fragten, um ganz sicher zu sein, nochmals auf allen Flohmärkten und bei Altwaren- und Antikhändlern nach, ob sie jemals, und wenn ja, an wen, eine solch ausgefallene Waffe wie den Säbel verkauft hatten. Auch bei den Kollegen in Duisburg bemühten sie sich, zu ermitteln, an wen deren Exkollege die von ihm gestohlenen Waffen weitergegeben haben könnte. Sie scheiterten aber da wie dort und gaben auf, weil sie, wie sich der Chef des Bundeskriminalamts resigniert ausdrückte, keine Götter, sondern auch nur Menschen waren und es trotz allen Einsatzes der besten Leute, zwar selten, aber doch, immer wieder ungelöste Fälle gab.

Auf nachhaltiges Betreiben der Wiener Polizeidirektion erhielten die Leute der Gruppe Trautmann trotzdem Anerkennungsschreiben für herausragende Arbeit, und diese nahmen das zum Anlass, sich in den Garten des Schweizerhauses im Prater zu setzen und mit ihrem Oberst Sporrer ausgiebig zu feiern.

Manuela Reisinger begnügte sich mit einem fleischfreien Salat und Mineralwasser, aber die anderen ließen riesige Stelzen und jede Menge Budweiser Bier auffahren und, wie man in Wien sagt, den Herrgott einen guten Mann sein.

Trautmann nahm seine ihm verhasste Brille ab und erklärte, dass er auch ohne sie die Stelze samt Erdäpfelsalat und zwei Semmeln und das Bier „in die Pappen" führen könne. Er stopfte sich so voll, dass er den Gürtel um zwei Löcher lockerer machen musste.

„Heut geht es uns gut, Burschen. Morgen rühren wir vielleicht schon wieder in irgendeinem Dreck herum und haben den Arsch offen."

„Hast mir nicht erzählt", fragte Dolezal, „dass irgendeiner von deinen Zen-Leuten gesagt hat, dass nur die Gegenwart zählt? Warum also jetzt schon an das denken, was wir morgen zu tun haben werden?"

Trautmann grinste, rollte sich eine Zigarette und versuchte wie so oft, elegante Rauchringe zu blasen. „Ja, schon hat der das gesagt, Burschi. Aber umgekehrt muss man nicht unbedingt alles so direkt glauben, was andere Leute sagen."

Winkte einem der Kellner und rief ihm zu: „Ich krieg noch ein Krügel, Freund. Aber gut eingeschenkt!"

Einige Wochen später gewann der zwanzigjährige beschäftigungslose Anton Burgstaller im Lotto und kaufte sich eine brandneue KTM-Motocross-Maschine.

Fuhr mit ihr betrunken los und raste schließlich in den Hirschstettner Badeteich.

Blieb an der auf den Grund sinkenden Maschine hängen, konnte sich nicht befreien und ertrank.

Als Feuerwehrtaucher die Maschine und den an ihr hängenden Burgstaller in einer spektakulären Aktion bargen, entdeckten sie auf dem Grund des Teichs auch eine Heckler & Koch-MPi, deren Magazin jedoch fehlte.

Anhand der Seriennummer der MPi 5 und auf Rückfrage in der Polizeidirektion Duisburg wurde eindeutig festgestellt, dass es sich bei dieser Waffe um eine aus dem dortigen Waffendepot gestohlene handelte. Auf der Waffe gab es nicht die geringsten verwertbaren DNA-Spuren. Das Magazin der Heckler & Koch und die Hülsen der in der Venediger Au abgefeuerten Projektile wurden trotz gewissenhafter Untersuchung des Teichgrunds nicht gefunden und würden wahrscheinlich für immer unentdeckt bleiben. Das galt sicher auch für den Lenker des Tatautos und den Mann, der die tödlichen Schüsse abgefeuert hatte.

Trautmann zog das Resümee: „Okay, Kinder, ein paar Bumerange sind ja zurückgekommen. Der von den Männern im Hyundai aber nicht. Der fliegt noch immer irgendwo herum. Und wenn wir kein Glück haben, kommt er nie zu uns zurück."

Er kramte Tabak und Zigarettenpapier hervor und brummte, mehr zu sich als zu den anderen: „Wie es in einem alten Wienerlied so schön heißt: Das Glück is a Vogerl, gar liab, aber scheu, es lasst si schwer fangen, aber fortg'flogn is glei'."

Und Sporrer fügte lächelnd hinzu: „Der Dichter Joachim Ringelnatz hat einmal über so einen Bumerang geschrieben: „Publikum – noch stundenlang – wartete auf Bumerang."

Trautmann rollte sich eine Zigarette, zündete sie an, blies einen diesmal einwandfreien Rauchring und sagte: „Genau, Chef. Recht hast. Aber wegen dem werden wir keinen *Bahöö machen* und uns auch keine grauen Haare wachsen lassen."

Dolezal grinste Trautmann an: „Bei deiner Glatzen wachsen dir sowieso keine mehr, Alter."

„Sollst auch recht haben, Burschi. Und wennst willst, kannst mich nach allen Regeln der Kunst in den …"

„Schön sprechen, Herr Chefinspektor!", unterbrach ihn Manuela Reisinger.

„Tu ich ja eh, Mani. Ich hab ja dem Burschi nur einen Zund, schön gesprochen, einen vertraulichen Hinweis, geben wollen."

GLOSSAR

Ernst Hinterberger ist zweisprachig unterwegs: Er schreibt auf Hochdeutsch und verwendet auch Wörter aus dem Schatzkästchen des Wiener Dialekts, des Polizeijargons und dem der Unterwelt.

JMD. ABFEITELN: Da der Feitel ein primitives Taschenmesser ist, kann man nicht von erdolchen (was eher in gehobenen Kreisen von Julius Cäsar und Brutus abwärts vorkommt) sprechen – obwohl das Ergebnis identisch ist.

ABGENEGERT SEIN: ist identisch mit „neger sein" in der Bedeutung „kein Geld haben"; also eine althergebrachte Formulierung aus einer Zeit, in der in unseren Breiten Afroamerikaner und Afroafrikaner so selten wie ein Goldstück waren. Auf Bankenesisch: illiquid.

ABMARKIEREN: Die Zahl der Ersatzworte für den Tabubegriff „sterben" ist groß und reicht von „den Holzpyjama anziehen" über „ein Bankl reißen" bis zum biblisch geprägten „über den Jordan gehen". „Abmarkieren" ist demgegenüber kurz und bündig und kommt wohl von „endgültig die Dienstmarke abgeben".

JMD. ABMAXELN: töten. Da das Parallelwort „abmoritzeln" fehlt, ist unsicher, ob sich abmaxeln vom letalen Abgang eines der bösen Buben Wilhelm Buschs herleitet.

ANGEDREHT SEIN: hier: schwanger. Für Frauen oft verhängnisvolle Folge eines intensiven Näherkommens.

WAS IN DIE ÄRMEL(N) HABEN: von Mutter Natur mit hypertropher Muskulatur gesegnet sein. Muskelprotzen eines Bizeps-Besitzers.

ETWAS AUSBAANLN: die Gebeine vom Fleisch trennen. Ursprünglich ein Begriff aus Metzgereiwesen und Küche, ist er heute in der globalen Ökonomie verwendbar. So wird etwa ein marodes Unternehmen aufgekauft, in Einzelteile zerschlagen, von überflüssigen Arbeitnehmern befreit und die somit ausgebaanlte Firma den Aktienmärkten als Gustostückerl angeboten. Im Prinzip kann aus jedem Gerät noch Verwertbares geborgen werden. Beispiel: Handys, die den finnischen Volkssport Handy-Weitwurf nicht heil überstanden haben.

JMD. AUSFRATSCHELN: während des Tratschens unauffällig gezielte Fragen stellen.

BADEWASCHL oder Bademeister ist ein saisonaler Traumberuf pubertierender Jünglinge. Ohne Eintrittskarte ins Sommerbad kommen, dortselbst in knapper, weißer Bekleidung gegenüber jungen Mädchen die verständnisvolle Amtsperson mimen, hin und wieder das Dienstpfeiferl benutzen und im Notfall Nichtschwimmer vorm Ertrinken retten, was eine lobende Erwähnung – vielleicht sogar mit Bild! – in der Zeitung zur Folge haben kann. Für unsere nördlichen Nachbarn: Badeanstaltaufsichtsperson. Im Winter brät und verkauft der Badewaschl oft Maroni.

GLOSSAR

EINEN BAHÖÖ MACHEN: Das jiddische Wort palhe bedeutet Lärm, das ungarische páholni prügeln. Also: Aufruhr, Auflauf, ungebührliches Verhalten.

BAMSTIG: Dieses Adjektiv unbekannter Herkunft bedeutet angeschwollen, aufgedunsen, aber auch gefühllos, etwa nach Injektionen. Wie beim Wort „indolent" verbindet sich auch hier mit Gefühllosigkeit eine gewisse soziale Unverträglichkeit. Das Aufgedunsene wuchert ins Aufgeblasene und geriert sich protzig und wichtigtuerisch.

(HUREN-)BANKERT: Schimpfwort für ein uneheliches Kind, das nicht kirchengefällig im Ehebett gezeugt wurde, sondern in unkeuscher Aufwallung auf einer Parkbank.

SICH BRAUSEN (KÖNNEN ODER GEHEN): So erfreulich Erfindung und Vervollkommnung des Sanitärgeräts Brause auch sind, lässt es sich nicht leugnen, dass die Brause einen mächtigen Wasserstrom in Tropfen und einzelne Rinnsale teilt und ihm so viel von seiner Kraft nimmt (was ja durchaus angenehm ist). Vielleicht kommt daher die Bedeutung „keinen Erfolg haben", „sich lächerlich machen", „scheitern".

BRETTLDORF: menschliche Ansiedlung aus dem billigeren Baumaterial Holz, für das die Feuerwehren der jeweiligen Umgebung nicht gerade Feuer und Flamme sind. Hier: uninteressanter Ort.

MIT JMD. BRÖSELN HABEN: Brösel deuten als Ergebnis eines Verfalls- oder Zerstörungsaktes (zerbröseln) auf vorangegangene Schwierigkeiten hin.

BURENHÄUTLZUHALTER: Schimpfwort. Die Burenwurst (auch „Burenhäutel" genannt) ist ein beliebtes Kaufobjekt bei Würstelständen, dessen Preis weit unter dem eines Wiener Schnitzels liegt und das daher von einer relativen Billigkeit geprägt ist. Vertauscht man bei Burenhäutlzuhalter bzw. -galerist den ersten und den sechsten Buchstaben, eröffnen sich neue Horizonte.

DECKEL: Die für Prostituierte in Abständen behördliche Bestätigung der Absenz von Geschlechtskrankheiten durch das zuständige Gesundheitsamt; wird auch als Ausdruck für jeden amtlichen Ausweis benützt.

DEMOLIERTER: Das lateinische Zeitwort demoliri bedeutet ab-, ein-, niederreißen, zerstören, (absichtlich) beschädigen. Objekte solcher Vandalenakte können alle Geräte, aber auch Telefonzellen, Parkbänke und sogar Häuser sein. Ein Demolierter jedoch ist ein Mensch, von dem man vermutet, dass er recht krank im Schädel ist, also ein Trottel. Zu einem Demolierten kann man auch Vollkoffer oder Hirnschüssler (siehe diesen) sagen. Und noch viel anderes.

JMD. DERRATTELN: erwischen, ertappen.

GLOSSAR

EIN ECK MACHEN: Bruder ums Eck, schon wieder eine der zahlreichen Umschreibungen für sterben.

JMD. DAS EISEN GEBEN: Einschränkung der manuellen Mobilität, sprich Handschellen anlegen.

SICH DIE ERDÄPFEL VON UNTEN ANSCHAUEN: gestorben und begraben sein.

FLAK: NS-Kürzel für meist auf Flaktürmen platzierte Flugabwehrkanonen; hier in leichter Übertreibung für große Schusswaffe. Bei Erweiterung um ein schlichtes „c" (Flack) aber Ohrfeige, Watsche, Schlag.

DEN FRACK KRIEGEN/HABEN: kein textiles Geschenk vom Herrn Wirt für den vom Piccolo zum Ober Aufgestiegenen. Auch nicht: das Opernballgewand von der Kleiderleihanstalt geliefert bekommen. Sondern: zu lebenslänglich verurteilt werden.

FRANK: als Adjektiv im Hochdeutschen nur in der Wendung „frank und frei" (= offen) in Verwendung. Hier aber Zuschreibung der persönlichen Schuldlosigkeit, in gesteigerter Form ein Urteil persönlicher Wertschätzung, das Übereinstimmung mit und Befolgung von wichtigen Prinzipien, wenn nicht dem Weltganzen, ausdrückt.

AUF FRIST (LANDEN/LEGEN/LIEGEN): Beamtendeutsch mit der Bedeutung „irgendwann einmal oder auch nicht".

DIE FÜSS AUFSTELLEN: sich prostituieren.

GALERIE/GALERIST: Gruppe von Menschen aus der Halb- oder Unterwelt, die als Straftäter bekannt sind und deren Fotos in der „Bildergalerie" der Polizei aufbewahrt werden.

GEJEIER: wie Gejammer, Gekeppel, Gegreine, Gezeter eine als unberechtigt empfundene Klage – die von Bundeskanzlern auch oft als Gesudere bezeichnet wird.

GFRAST(SACKL): nicht über jeden Verdacht erhabener Mensch; Schuft, Schurke, Kleinganove, beginnt oft als unerzogenes Kind.

GOGL: Prostituierte frequentierender Mann, also: Freier.

GSCHLADER: ist ein unappetitliches, schlechtes Getränk, das in der Metropole des Weins und des Hochquellwassers eine freche Provokation darstellt. Das Wort stammt vom letzten lebenden Mittelhochdeutschen, der einst vor einer Gruppe Nachgeborener „slôte" zum Lehmwasser sagte. Die haben das dann ein wenig verballhornt.

DIE GURK(E)N HABEN: Die zur Familie der Kürbisgewächse zählende Gurke geriet heuer zu Jahresbeginn unter EHEC-Verdacht, trug aber doch nicht an der darmbakteriellen Verseuchung Schuld. Durch ihre Form zog die Gemüseart diverse Bedeutungen an sich – von Nase über Penis bis zu Sprechfunkgerät und Handy. Jmd. die Gurkn geben meint:

jmd. zur Schnecke, heruntermachen. Das Opfer hat dann die Gurkn, ist auf peinliche Weise erfolglos. Beim Fußball ist ein Gurkerl das Spielen des Balls durch die gegnerischen Beine und liefert somit Anlass zu kollektiver Häme.

HABERER: sehr guter Freund, Bekannter, Kumpel.

HACK(E)N: Die Hacke ist eigentlich wie das ähnliche Beil ein Werkzeug aus der Land- und Forstwirtschaft, hat aber den engen Bedeutungsrahmen gesprengt. Die Hacken dient als Synonym für Arbeit. Also: die Hacken machen, in die Hacken gehen etc.

DEN HAHN HABEN: kein Spezialbegriff aus der Geflügelzüchterzunft oder bedauernder Stoßseufzer des EU-Kommissionspräsidenten Barroso in Brüssel über ein Kommissionsmitglied. Eigentlich bedeutet „Hahn" Lokalverbot, jmd. den Hahn geben also hinauswerfen, entlassen, des Raumes verweisen. Wer den Hahn hat, hat also ein Problem.

EIN HÄKERL MACHEN: kurzes Schmähführen, jmd. auf die Schaufel nehmen, Schabernack treiben, Streiche spielen.

HAPPL: Verkleinerungsform von Haupt, also Kopf. Oft in Kombination mit einer als Salat verwendeten Grünpflanze („Salathappl").

HINEINGESCHISSENES UND UMGERÜHRTES: sehr gesteigerte Form von: vergebliche Liebesmüh.

HINFELBERN: Felbern ist ein veraltetes Wort für schreiben; hier: hinschmieren.

HIRNSCHÜSSLER: stammt aus der Zeit nach dem Zweiten Weltkrieg, aus dem viele Männer mit schlimmen Kopfverwundungen zurückkehrten und in ihrer privaten oder beruflichen Nachkriegstätigkeit – etwa als Volksschullehrer – oft eigenwillige Verhaltensformen, z. B. bei spontanen Wetterumschwüngen, an den Tag legten. Also: ein häufig gefährdeter Mensch, was den Vollbesitz der geistigen Kräfte anbelangt. Ohne direkte Bezugnahme auf den Zweiten Weltkrieg wird meist das Wort Trottel verwendet. Das Wort H. ist durch die lange Friedensperiode langsam im Verschwinden begriffen.

EINEN HOLLER SAGEN: Botanisch ist der Holunder eine strauchartige Pflanzengattung der Moschuskrautgewächse und wertneutral. In der bairischen Dialektform Holler bedeutet er dazu auch Negatives wie Blödsinn.

DIE HUF(E)/HIAF AUFSTELLEN: eine der unzähligen Wiener Tabuwendungen für sterben. Wohl aus der Jägersprache mit der Vorstellung, erlegte Rehe oder Gämsen gingen auf dem Rücken liegend und die vier Beine gen Himmel gestreckt über den Jordan.

IPOS: Abkürzung für Integriertes Polizeiliches Sicherheitssystem; enthält PAD (Protokollierung, Anzeigen- und Datenerfassung), IKDA (Integrierte Kriminalpolizeiliche Datenanwendung) und ZDS (Zentrale Datensammlung).

KALT UND WARM GEBEN: voneinander entfernte Bereiche auf der Temperaturskala, zwischen denen viel Platz hat. Gibt man also jemandem „kalt/warm", dann schöpft man das gesamte Repertoire von Gewalt dominierter Erziehungsmaßnahmen aus.

KI(E)BERER: wie „Mistelbacher" oder „Höh" Scheltwort für Polizist, vom mittelhochdeutschen „kiben" (= schimpfen) herleitbar. Auch neutral für Polizist.

(ZEN-)KOAN: Ko-an bedeutete im Japanischen: öffentlicher Aushang; hier aber: Sprosse einer Denkleiter zur höchsten Wahrheit, oft in paradoxer Form, rational nicht erklärbar.

(KRIM-)KOAT: Kurzfassung des behördlichen Wortungetüms (Kriminal-)Kommissariat.

KOBERER/KOBERIN: das Verbum kobern bedeutet: jemanden in aufdringlicher Weise als Kunde anlocken. Wer dies in einem speziellen Sektor tut, hat bald den Ruf eines Sexgewerbetreibenden: Hurenwirt, Puffmutter, Zuhälter.

KOKARDE: Wort französischen Ursprungs. Zeichenhaftes Symbol der Staatsmacht, das als Hoheitszeichen auf Dienstmützen den Mützenträger amtsadelt. Kann von der Kopfbedeckung auf den Unter- und Nebenhalsbereich überspringen und durch die Anzahl von goldenen Sternchen die Hierarchiestufe des Amtsorgans signalisieren. Hier: Dienstmarke, die beim Amtshandeln vorgezeigt wird.

EINEN KRAPFEN MACHEN: heißt außerhalb des Zuckerbäckergewerbes: sterben.

JMD. MACHEN: Ergänzt man die Wendung mit dem Adjektiv „tot", liegt man richtig. Das Wort aus der Galeriesprache bedeutet „töten".

(FÜNF) METER BEKOMMEN: Das altgriechische Wort „metron" bedeutet Maß. Hier: Maßeinheit für Gefängnisjahre.

JMD. MÜLLISIEREN: heißt: verhaften.

ETWAS NAHRHAFTES (AN SPUREN): interessante Informationen.

NIEDERLEGEN: in Kombination mit einem Reflexivpronomen die Bedeutung „sich zur Ruhe begeben". Hier aber: ein Geständnis ablegen; eine Information weitergeben.

PAPPEN: Scheltwort für Mund, wie Maul.

PFLASTERHIRSCH: in den Schluchten der Großstadt ein per pedes seine Arbeit verrichtender Straßenpolizist von niederem Rang in der Hierarchie.

PUFFEN: lautmalerischer Begriff für eine kleinkalibrige Waffe. Schießt man mit Revolver oder Pistole, ist ein „puff" zu vernehmen, bei zwei Schüssen ein „puff-puff". Bereicherung des Wortschatzes aus dem akustischen Bereich.

QUIQUI: Tabuwort für Freund Hein mit der Sense, Gevatter Tod.

RAUSCHKIND: nicht sehr intelligenter Mensch, womöglich in alkoholschwangerer Atmosphäre gezeugt.

DURCHS ROHR SCHAUEN: Schaut jemand durch ein Fernrohr auf den Mond, sieht er ihn zwar, ist aber von seinem Ziel weit entfernt. Also: erfolglos sein.

SCHAS MIT QUASTELN: optisch mit Zeichen der würdevollen Bedeutung ergänzter Körperwind, der dadurch nicht der olfaktorischen Optimierung bedarf. Also: hochgestochener, das normale Maß sprengender Unsinn.

(ALTE) SCHEPPERN: Das Tätigkeitswort scheppern bedeutet klappern und zittern. Als Scheltwort im Substantiv ähnlich wie Schüttler: mit unkoordinierten Bewegungen.

SCHIESSLING: Das Pejorativ-Suffix -ling drückt meist eine mindere Wertschätzung aus (Schwächling, Däumling, Fiesling etc. – Ausnahme: Meidling und Mödling). Ein Schießling ist also eine funktionierende Schusswaffe mit überschaubarem Wiederverkaufswert.

DIE SCHLEIFEN KRIEGEN: Dialekt-Tabuwort für sterben; (meist unfreiwilliger) Abgang aus dem Leben. Bei Begräbnissen versichern Schleifen an den Kränzen die nie vergehende Erinnerungsbereitschaft des Spenders. Eine an der den Arm bedeckenden Kleidung angeheftete schwarze Schleife weist auf einen Todesfall hin.

SCHMALZ: aus Schweinefett gewonnenes beliebtes rurales Nahrungsmittel, meist in Verbindung mit Brot („Schmalzbrot"). Auch ans Gemüt rührender Bestandteil von TV-Seifenopern, Heimatfilmen und Ärzteromanen. Hier aber: Strafausmaß, Dauer der im Gefängnis abzusitzenden Zeit.

SCHWAMMERLBROCKER: Waldgänger, der sich für die Inbesitznahme eines z. B. Eierschwammerls in extreme Niederungen begeben muss und dann auf der Suche nach weiteren Pilzen auf dem Waldboden herumkriecht. Dort jedoch ist der Blick auf die große, weite Welt äußerst begrenzt. Also: nicht praktizierender Mykologe, sondern kleinkarierter Mensch ohne Wissen und Visionen.

SPOMPANADLN MACHEN: kann viel bedeuten – von sich verweigern (Suppen-Kaspar: „Nein, meine Suppe ess ich nicht!") über Unfug treiben bis Widerstand gegen die Staatsgewalt leisten. Die Wendung geht auf das italienische spampanare zurück, was aufschneiden, sich wichtig machen bedeutet. Kann vom harmlosen Querulieren bis zum Bahöö gehen – siehe diesen.

GLOSSAR

SPRUNG IN DER MARILLE: Anzeichen für zumindest leichte mentale Devastierung.

STRANDELN: zielloses Herumgehen ohne Hektik, flanieren – wie es etwa im Urlaub passieren mag, wenn man auf Stränden seines Weges geht.

AUF DEN TELACH GEHEN: Peter Wehle erklärt in seinem Buch über die Wiener Gaunersprache diese Formulierung mit „auf den Strich gehen". Im Alten Testament kommt ein Telach (= Spalt) als einer der Enkel des Stammesgründers Ephraim vor.

TITSCHKERL: hier: Kleinigkeit. Josefstädter Hofratswitwen würden dafür das Wort Petitesse verwenden. Das Tätigkeitswort titschkerln kann auch Geschlechtsverkehrsvollzug meinen.

TSCHECHERANT: je nach Sichtweise wertvoller Ankurbler der Wirtschaft in der Wirtschaft durch gesteigerten Alkoholkonsum oder verkommenes Subjekt mit Inklination zu regional geduldeten Rausch- und Suchtmitteln. Also: Kampftrinker.

TSCHUSCHEN: Wiener Schimpfwort für alle Zugewanderten; ursprünglich nur für die aus Ex-Jugoslawien geprägt, heute aber global und pauschal verwendbar.

ÜBERWUZELT: Bezeichnung für eine Person, die von der Härte eines langen Lebens zu oft gedreht und in die Mangel genommen wurde – nicht zu ihrem ästhetischen Vorteil.

UNFRANK: Gegenteil von frank (siehe dort).

UNTERLÄUF(E)L: niederes Glied in der Hierarchiekette: Hilfskraft, Untergebener, Subalterner, (im besten Fall) Stellvertreter.

VERNADERER: Mensch mit der Vorliebe, andere zu vernadern, zu verpetzen. Verräter, Denunziant, als Beruf: Spitzel. Heute ein Freizeitvergnügen, das bei Aufstiegsgelüsten auch in der Firma betrieben werden kann.

JMD. VERWAMSEN: Das Wams als Kleidungsstück (= Jacke) ist aus der Mode gekommen, der Wams (= Konfident, Verräter, Denunziant) aber immer noch gern gesehen – auch wenn man seit jeher den Verrat immer noch mehr liebt als den Verräter. Unser Tätigkeitswort bedeutet also: jemanden einer unrechten Handlung zu bezichtigen – meist bei einer an dieser Information interessierten Stelle, wie Behörden oder Vorgesetzten. Stets verspricht sich der Verwamser etwas davon. Auch: vernadern (siehe dort).

VICLAS: Violent Crime Linkage Analysis System; ein Analysesystem zum Auffinden von Gemeinsamkeiten bei Gewaltdelikten.

ZNIACHTERL: Wenn fast alles zunichte gemacht wird, bleibt nur mehr wenig über. Also: schwächliche Person.

ZUND(GEBER): Konfident; milde und das Staatsbudget nicht belastende Form des Spitzels, der bei der Polizei über andere plaudert (Zund, also Informationen, gibt), um sich für eigene, nicht schwere Straftaten polizeiliches „Vergessen" zu erkaufen.

Ernst Hinterberger: Ein echter Wiener

Der bekannte Wiener Autor wurde am 17. Oktober 1931 geboren. Erste berufliche Schritte: Elektriker, Polizeischule, Bibliothekar, Expedient. Seit 1965 ist Hinterberger bekannt als Autor zahlreicher Romane und Krimis. Sein Roman „Salz der Erde" war Vorlage für die legendäre Fernsehserie „Ein echter Wiener geht nicht unter". Darüber hinaus schrieb er Drehbücher für mehrere „Tatort"-Folgen sowie „Kaisermühlen Blues" und „Trautmann". Ernst Hinterberger lebt als praktizierender Buddhist in Wien.

Mehr Informationen unter www.echomedia-buch.at

"Es sind die kleinen Leute, die im Grunde alles Wesentliche hervorbringen, während die sogenannten berühmten Großen kaum mehr als Eintagsfliegen sind. ..." (Ernst Hinterberger)

Salz der Erde
Der „Ur-Mundl"
320 Seiten, € 9,90

Mord im Prater
Ein Fall für Trautmann
224 Seiten, € 9,90

Doppelmord
Ein Fall für Trautmann
216 Seiten, geb., € 19,80

Die Tote lebt
Ein Fall für Trautmann
224 Seiten, geb., € 19,80

Mehr Informationen unter www.echomedia-buch.at

„Des Leben is a anzige Prüfung."
(Gruppeninspektor Trautmann)

Blutreigen
Ein Fall für Trautmann
256 Seiten, € 9,90

Mörderische Gier
Ein Fall für Trautmann
256 Seiten, € 9,90

Fehlende Finger
Ein Fall für Trautmann
248 Seiten, € 9,90

Der Tod spielt mit
Ein Fall für Trautmann
216 Seiten, € 9,90

Mehr Informationen unter www.echomedia-buch.at

Andreas Pittler rollt in seiner Kriminalsaga um David Bronstein die Geschichte der Ersten Republik ebenso spannend wie lebendig auf.

Tinnef
272 Seiten, € 9,90
Auch als E-Book erhältlich!

Chuzpe
320 Seiten, € 9,90

Ezzes
288 Seiten, € 9,90

Tacheles
304 Seiten, € 9,90

Mehr Informationen unter www.echomedia-buch.at

18 originelle und spannende Kurzkrimis von namhaften österreichischen Autoren:

Sabina Naber (Hrsg.)
Gemischter Satz
ISBN 978-3-902672-26-1
304 Seiten, € 19,80
Auch als E-Book erhältlich!

Mit bacchantischem Vergnügen widmeten sich 18 österreichische Krimiautorinnen und -autoren dem legendären Trio Wien, Wein und Tod – ihre Geschichten führen den Leser in den berühmt-berüchtigten schwarzhumorigen Abgrund der Wiener Seele.
In der vorliegenden Anthologie steht Kriminelles aus den Rieden von Wien im Vordergrund. Weinnamen und Weinbegriffe sind hier Namensgeber für originelle Kurzkrimis.

Die mitwirkenden Autorinnen und Autoren:
Raoul Biltgen, Christian Klinger, Edith Kneifl, Beatrix Kramlovsky, Lisa Lercher, Beate Maxian, Ilona Mayer-Zach, Sabina Naber, Andreas Pittler, Claudia Rossbacher, Eva Rossmann, Ivo Schneider, Susanne Schubarsky, Stefan Slupetzky, Amaryllis Sommerer, Thomas Askan Vierich, Christoph Wagner und Manfred Wieninger

Mehr Informationen unter www.echomedia-buch.at

Wiener Krimis – Spannung pur!

Susanne Wiegele
Fetzer und die Ordnung der Dinge
184 Seiten, geb., € 19,80
Auch als E-Book erhältlich!

Wiens neuer Ausnahmekommissar räumt auf
Der erste Band wartet mit bizarren Mordfällen und einem noch bizarreren Kommissar auf. Schon jetzt Kult!

Georg Siegl
Inspektor Kocek und der Lobauschamane
368 Seiten, € 9,90

Eine Wiener Kriminaltrilogie
Das Buch enthält alle drei bisher erschienenen Teile um den philosophisch gebildeten original Wiener Inspektor.

Mehr Informationen unter www.echomedia-buch.at

Eva Rossmann: Ins Gras gebissen (Sauvignon Blanc)

(Leseprobe aus Gemischter Satz)

Ich strahle und schwinge drei Pfannen abwechselnd, Woks wären geeigneter, aber der Veranstalter wollte es wienerisch. Also gibt's Tafelspitz modern und Wiener Würstchen trifft das Meer und Schweinsbratl hot. Es ist wie bei jedem Buffet: Je gestopfter, desto hungriger sind sie. Ich teile aus, fülle nach, Anglerfilets zum Würstel und Gurkenwürfel und Meersalz und ... Ja, bitte? Nein, das sind keine Putenwürstchen. Lächeln. Wozu bin ich Schauspielerin? Und weil fixe Engagements nicht massig zu bekommen sind, koche ich. Macht mehr Spaß, als in einem Werbespot den tanzenden Lampenschirm zu geben – ich weiß es, ich hab es getan.

Peter klopft mir auf den Rücken. „Kurze Pause, Lila. Außerdem kann keiner das verdammte rote Beerengelee finden." Peter ist der Boss von Plus-Catering und ganz in Ordnung. Aber ein Chaot. „Irgendwie total dein Abend, Rot steht dir, Kaiserin Sisi."

Ich schlage mit dem Geschirrtuch nach ihm. Meine Eltern heißen Kaiser und haben mich Elisabeth getauft. Ich nenne mich Lila. Punkt.

Wiener Blut heißt die Festivität, auf der wir heute unser Geld verdienen. Wiener Winzer stellen ihre Rotweine internationalen Weinkennern und Weinhändlern und natürlich Journalisten vor. Die PR-Tante wollte Tradition mit Schrägem verbinden. Also sind wir in der Hofburg, das weibliche Personal in blutroten Hosenanzügen mit absurden Weintraubenohrclips. Wir wirken wie AUA-Stewardessen, die Graf Dracula in die Hände gefallen sind. Nur die Winzer sind ein wenig bieder. Okay, nicht alle. ...